KB196221

휴식은 저항이다

저항이다

트리샤 허시 지음
장상미 옮김

시스템은 우리를
가질 수 없다

갈라파고스

REST IS RESISTANCE
Copyright©2022 by Tricia Hersey
All rights reserved

Korean translation copyright©2024 by Galapagos Publishing Co.
This edition published by arrangement with Little, Brown and Company,
New York, New York, USA. through EYA Co., Ltd

이 책의 한국어판 저작권은 EYA Co., Ltd를 통한 Little, Brown and Com-
pany USA사와의 독점계약으로 도서출판 갈라파고스가 소유합니다.
저작권법에 의하여 한국 내에서 보호를 받는 저작물이므로 무단전재 및
복제를 금합니다.

아버지 엘더 윌리 제임스 허시에게 이 책을 바칩니다.
어릴 적 달에 가고 싶어 하던 저를 위해
시어스에서 여행 가방을 사주어서 고마웠어요.
아버지는 나의 가장 위대한 조상이에요.

• 본문 하단의 각주는 옮긴이 주입니다.
• 본문의 [ ] 속 내용은 독자의 이해를 돕기 위해 옮긴이가 추가한 내용입니다.

1부 쉬자! **55**

2부 꿈꾸자! **97**

3부 저항하자! **131**

4부 상상하자! **157**

추천의 말 **12**
서문 **18**
들어가며 **25**

감사의 말 **193**
낮잠사역단 도서관 **194**
참고 문헌 **196**
저자와의 Q&A **198**
옮긴이의 말 **207**

몸은 해방의 장소다.

자본주의의 것이 아니다.

몸을 사랑하자.

몸을 쉬게 하자.

몸을 움직이자.

몸을 보듬자.

—무너진 그날 이후 저 혼자 있었던 그 일—

추천의 말

열린 창으로 산들바람이 달콤한 노래를 부르며 불어올 때, 바로 낮잠을 잘 때이다. 할머니는 현관에 앉아 있고 할아버지는 잔디를 깎는다. 노래가 들린다. 낮잠을 자자. 당신도, 나도. 천사가 우리를 안아준다. 우리 곁에는 책 한 권이 있다. 『휴식은 저항이다』. 끝내 승리할 우리의 전쟁이다.

　— 니키 지오바니, 시인, 버지니아 공과대학 교수, 랭스턴 휴즈 메달 수상자

생명을 구하고 세상을 변화시킬 책이다. 저자는 휴식의 진실을, 우리로 하여금 백인우월주의와 자본주의의 거짓말에서 벗어나게 하는 진실을 이야기한다. 우리는 점차 기계의 속도로 살아가기를 거부한다. 인간답게 존재한다는 아름다운 실험에 몸을 맡긴다. 우리의 진정한 자아로 돌아간다. 한 문장 한 문장 천천히 음미하며 읽고 또 읽어야 할 책이다. 나는 함께 일하는 모든 사람과 내가 사랑하는 모든 이에게 이 책을 선물할 것이다.

　— 에밀리 나고스키 박사, 『재가 된 여자들』·『있는 그대로의 모습으로(Come As You Are)』 저자

저자는 나에게, 당신에게, 저항이란 [거창한] 운동이라고만 생각하는 모든 이에게 "휴식은 하나의 저항"이라고 속삭인다. 꼭 필요한 메시지다. 앉자. 눕자. 속도를 줄이자. 휴식은 체제의 억압에 저항할 힘을 되찾기 위해 우리가 반드시 거쳐야 할 단계이다.

— 이브람 X. 켄디, 『안티레이시즘』·『태초부터 낙인찍힌(Stamped from the Beginning)』저자, 보스턴 대학 역사학 교수, 전미도서상 논 픽션 부문 최연소 수상자

강렬하다. 근거가 탄탄하고 감동적이다… 급진적 회복을 향한 허시의 선언문이 생명력을 불어넣는다.

— 글로리 에딤, 『소녀 시절에 관하여(On Girlhood)』·『책 읽는 흑인 소녀(Well-Read Black Girl)』저자, 《로스 엔젤레스 타임스》도서상 혁신가상 수상자

이 책에서 저자는 우리가 유해한 현 체제의 진실을 깨달았을 때 휴식을 통해 이겨낼 수 있음을 알려준다. 우리보다 앞서거나 더 높은 곳에서가 아니라 바로 여기, 소셜미디어 중독과 과로와 체 제에 대한 불만의 한복판에 함께 서서 탈출구가 보인다고 외치 고 있다. 대단한 일을 하기 위해서가 아니라 자본주의와 백인우 월주의에 맞서는 모든 노력을 뒷받침하기 위해 쉬자고 한다. 우 리의 '꿈의 공간'은 신성하며, 그 안에 있는 지혜를 되찾을 방법 은 휴식임을 보여준다. 낮잠을 비롯한 모든 형태의 휴식은 우리 자신에게 돌아가는 관문이다. 저자는 마치 고통받는 우리를 더 는 두고 보지 않겠다는 조상들의 목소리처럼, 자신이 걷는 길에 함께하자고 우리를 초대한다.

— 에이드리엔 마리 브라운, 『새로운 전략(Emergent Strategy)』·『기 쁨의 운동(Pleasure Activism)』저자, 팟캐스트〈세상의 종말에서 살 아남는 법(How to Survive the End of the World)〉진행자

트리샤 허시의 낮잠사역단이 내 삶을 바꾸어놓았다. 『휴식은 저

추천의 말

항이다』는 그저 한 권의 책이 아니라 이 시대에 꼭 필요한 개입이다.

> ― 케이시 제럴드,『기적은 일어나지 않는다(There Will Be No Miracles Here)』저자

마음을 들뜨게 하는 책이다. 우리를 회복할 의무가 우리에게 있음을 일깨워준다. 저자는 책의 곳곳에서 힘을 되찾으라고 우리를 불러 모은다.

> ― 알렉산드라 엘르,『애프터 레인』·『치유의 길(How We Heal)』저자

『휴식은 저항이다』는 우리 세대를 향해 울려 퍼지는 나팔 소리다. 이 선구적인 책에서 저자는 과로문화를 거부하고 자기 돌봄, 이완, 휴식이라는 인간의 기본적이고 신성한 권리를 받아들이도록 모두를 초대한다. 저자가 분명히 밝히듯이 이 혁명적 실천은 과거에나 현재에나 노동자로서의 가치만 인정받아온 흑인에게 특히 중요하다. 궁극적으로, 허시는 여가란 그저 활기를 되찾는 방법이 아니라 자본주의 말기를 향해 달려가는 우리에게 저항의 행위이기도 하다는 점을 일깨운다.

> ― 브라이언트 테리,『블랙 푸드(Black Food)』저자, 임프린트 '포컬러북스(4 Color Books)' 편집장, 제임스 비어드상 및 전미유색인지위향상협회 이미지상 수상자

휴식은 무도한 정지 상태라고 설교하는 세상에서, 이 책의 저자는 지하에서 외치는 선지자이다. "휴식은 저항"이라는 저자의 거센 외침은 때로는 휴가를 보내야 한다고 호소하는 수준을 넘어서 포획의 정치에 붙들린 우리를 구출하고자 정교하게 짜낸

주문과 다름없다. 이 책을 읽자. 그리고 우리의 이 행위가 세상을 뒤흔든다는 사실을 알고 무도하게 잠을 자자.

　　— 바요 아코몰라페 박사, 『울타리 너머의 야생(These Wilds Beyond our Fences)』 저자, '부상하는 네트워크(The Emergence Network)' 창립자

지금 바로 엉덩이를 붙이고 앉아 이 책을 읽자! 영감과 확신을 불어넣고 혁명을 일으키는 책이다. 내 삶과 일을 더 나은 방향으로 바꾸어놓은 트리샤와 낮잠사역단의 정신이 이 선언문에 그대로 담겨 있다. 연민에서 우러난 질문과 실천할 수 있는 제안으로 우리를 휴식으로, 우리 자신으로, 우리의 집단적 해방으로 안내한다.

　　— 레이철 리키츠, 『더 나은 행동을 하자(Do Better)』 저자

며칠에 걸쳐 『휴식은 저항이다』를 읽으며 이 미친 듯한 과로문화 속에서 나의 속도를 조절하고 마음을 다스리는 명상의 시간을 보냈다. 피로를 견딜 온갖 전략을 장황하게 나열하는 책들과 달리 이 책에서 허시는 휴식을 모두가 활용할 수 있는 치유와 상상력의 관문으로 삼는 해방의 자장가를 들려준다. 더 깊이 호흡하며 세상을 더 선명히 바라볼 마음의 준비를 하고 이 책을 펼쳐보자. 낮잠의 주교의 말을 빌리자면, "낮잠 사원의 문이 열려 있습니다. 들어오지 않겠습니까?"

　　— 그레고리 C. 엘리슨 2세 박사, '두려움 없는 대화(Fearless Dialogues)' 창립자, 에모리 대학 캔들러 신학대학원 부교수

트리샤 허시는 예술가다… 흑인 해방 신학과 아프리카미래주

추천의 말

의, 시적인 요소들을 통합하면서 일종의 행위 예술로서 집단적 휴식이라는 개념에 접근한다.

　—《뉴욕 타임스》

자본주의와 백인우월주의 사이의 점들을 연결하는 책이다. 저자는 휴식이 인간성을 말하며 모든 것을 소진하는 과로문화에 반발하는 행위라고 단정한다.

　—《타임》

성과에만 집착하는 문화 속에서 저자는 적절한 휴식으로 얻을 수 있는 내면의 고요함과 자기 지식에… 전통적으로 휴식과 휴식이 주는 혜택을 누리지 못한 이들을 살펴보는 데 집중한다.

　—《보그》

명철한 설교처럼 읽히는 열정적이고 설득력 있는 주장으로 더욱 빛난다… 이 도발적인 메시지는 과로문화에 지친 사람들의 공감을 얻을 것이다.

　—《퍼블리셔스 위클리》

절묘하게 아름답다… 펜을 쥐고 노트를 펼쳐둔 채 읽고 또 읽을 책. 친구나 동료, 모르는 이들에게까지 선물하고 싶어지는 책이다.

　—《북페이지》

우리 몸이 진정 우리 것이 아니라 자본주의의 이윤 창출에 쓰이는 기계라는 사상에 도전하는 사람들을 위한 행동 계획서.

　—《에센스》

시인으로서의 경험을 최대한 활용해, 자신의 주변에서 목격하는 고통에 대한 연민으로 다져진, 강렬한 울림이 담긴 언어를 내놓는다… 휴식과 저항을 옹호하는 사려 깊은 목소리는 큰 파장을 일으킨다.

  —《라이브러리 저널》

더 느리고 풍성한 믿음의 삶을 향한 놀라운 부름.

  —《소저너스》

책을 집어 들라. 읽고, 낮잠 자고, 쉬고, 이완하기를 반복하라.

  —《미즈 매거진》

휴식이 힘을 되찾고 체제의 억압에 저항하는 데 필수적인 도구임을 일러주는 책.

  —《아프로 뉴스》

대단히 중요하고 뛰어난 작품…. 저자는 혁명이다.

  —《글레넌 도일》

과로문화에 대항하도록 생각을 일깨우는 선언문.

  —《노스이스턴 뉴스》

17

추천의 말

서문

나는 쉬었기에 살아남았다. 이것이 나의 진실이다. 내 마음, 몸, 영[*]으로 알고 있는 진실이기에 다른 사람에게 확인받을 필요도, 복잡한 이론으로 뒷받침할 필요도 없다. 내 휴식의 여정은 저항과 자유를 향한 아주 사적인 수행practice이었다. 소셜미디어를 통해 낮잠사역단[**]이 알려지기 훨씬 전부터 나는 휴식을 통해 삶의 문제를 풀고자 했고, 나보다 먼저 온 흑인 여성 대부분이 그랬듯이 내가 발 딛고 있는 삶과 역사 속에서 길을 내려고 애썼다.

돈은 없고 가족은 아프고, 언제 인종차별 폭력을 당할지 모르는 위험한 분위기 속에서 눈코 뜰 새 없이 빠르게 몰아치는 신학대 생활을 하던 중이었다. 기계처럼 바삐 돌아가는 우리 문화[***]의 일원으로 가난, 피로, 백인우월주의, 자본주의가 초래하는 무시무시한 트라우마를 견디며 살아가던 나는

---

[*]   Spirit. 원문에서 대체로 첫 알파벳이 대문자로 표기되었으며, soul
       과 구별해 영으로 옮겼다.

[**]   Nap Ministry. 트리샤 허시가 2016년에 만든 단체로, 휴식의 해방
       적인 힘을 연구하며 집단 낮잠 체험을 제공하고, 워크숍을 열고, 전
       시물을 설치하고, 휴식을 집중적으로 탐구하는 학교를 운영한다.
       한국어판에서는 문맥에 따라 때로는 '낮잠사역'으로 옮겼다.

[***] 이 책에서 culture는 '과로문화'와 마찬가지로 특정 현상이나 맥락
       을 공유하는 집단을 가리킨다. 한국어로는 '사회'라는 단어가 더
       자연스럽게 느껴지지만 원문을 존중해 대부분 '문화'로 옮겼다.

그러한 일상에 저항하는 한 가지 방안으로서 휴식이라는 실험을 시작했다. 나는 학교에서나 집에서나 낮잠을 잤다. 육체적, 정신적으로 지쳤으니 일단 쉬어야겠다고 마음먹었고 그 밖에 다른 길도 없었다. 정말로 문제를 해결하고 더 잘 살수 있는 방법인지 냉정하게 판단할 여력이 없는 상태로 무작정 뛰어들었다.

이 실험에 돌입하도록 나를 자극한 것은 신학대에서 공부하던 뿌리 깊은 문화적 트라우마의 역사였다. 짐 크로 테러*를 공부하느라 노예에 관한 이야기를 읽다가 책을 가슴에 얹은 채 잠이 들었다. 마치 예언과 같은 꿈을 꾸다 깨어난 나는 해리엇 터브먼**을 따라 이렇게 선포했다. "내 백성은 자유롭도다." 지금 당장의 휴식을 통해 자유를 선포하는 대담함. 휴식은 내 영혼의 혁명이 되었다.

이 책은 우리 조상들로부터 탈취해간 노동력과 꿈의 공간DreamSpace에 여전히 빚지고 있는 체제에 내 몸을 바치기를 거부한다는 선언이자 서약이다. 나는 피로해서 무너져 내

---

* Jim Crow Terrorism. 미국 남북 전쟁 이후 남부 지역에서 법제화된 인종 분리 정책(Jim Crow laws)과 이를 둘러싼 각종 폭력 행위를 가리키는 표현이다.

** Harriet Tubman(1820~1913). 미국 남부 메릴랜드주에서 흑인 노예로 태어나 혹독한 삶을 살다가 북부로 탈출했다. 이후 목숨을 걸고 남부와 북부를 오가며 수많은 노예를 탈출시켰고 남북 전쟁 때는 간호사, 스파이, 군인으로 활약했다. 전쟁 후 흑인의 자유와 평등, 여성 참정권을 위한 사회 활동을 했다. 어릴 적 그는 도망친 다른 노예를 붙잡아두라는 명령에 저항하다가 머리에 큰 상처를 입었지만 제대로 치료받지 못한 채 방치되었다. 이 탓에 평생 심한 수면 발작을 겪었다고 한다.

서문

릴 지경으로 몸을 밀어붙이기를 거부한다. 어떤 결과가 나오더라도 상관없다. 나는 자본주의보다 스스로를 더 신뢰한다. 우리는 거부함으로써 풍요로워질 여지를 얻을 것이다. 믿음을 품고 휴식으로 도약해야 할 것이다. 우리가 발 디딘 땅이 우리를 붙들어주기를, 무너질 수밖에 없다면 부디 포근하게 받쳐주기를. 이 책은 뒤흔들고 밀어내는 행동에 집단적으로 참여하자고 외치는 나팔 소리다. 낮잠사역단은 우리를 감싸 안아 가장 깊은 자아로, 더 인간적인 장소로, 휴식의 공간으로 되돌려주는 포근한 담요이다.

낮잠사역단을 시작한 이유를 설명하기란 결코 쉽지 않다. 너무도 다층적이고 함축적이며 유기적이다. 이 사역을 처음 접하는 사람이나 언론인, 소셜미디어 팔로워 등에게서 기원이 무엇이냐는 질문을 수천 번은 더 받았다. 어쩌다 낮잠에 관한 프로젝트를 구상하게 되었는지 즉각적인 설명을 듣고 싶어 다들 안달이다. 탈식민화와 마찬가지로 이것은 급진적인 치유, 변화, 해방 그리고 집단적 돌봄의 형태를 띤 어마어마한 노력이 필요한 사역이기에 그러한 질문에 간단히 답하기 어렵다는 점이 나는 기쁘다.

무슨 일이든 개인적인 차원에서 출발하기 마련이다. 낮잠사역단의 근원은 우리 가족사의 파편들에서 시작한다. 해방의 열쇠는 우리의 세밀하고 구체적인 인생사 안에 담겨 있다. 휴식을 통한 나의 부활 과정도 호기심, 실험, 자기 보호를 거치며 피로에서 벗어날 방법을 간절히 찾던 중에 시작되었다.

나는 피로의 유산을 타고 태어났다. 이 사역에 영감을 준 할머니 오라는 짐 크로 테러를 피해 달아난 난민으로, 연결감과 평화를 얻기 위해 매일 30분에서 한 시간가량 눈을 감은 채 쉬었다. 미시시피주 한복판에 살았던 증조할머니 로디는 큐 클럭스 클랜* 문제를 창의적으로 해결하기 위해 매일 밤 앞치마 주머니에 권총을 넣어놓고 농장을 지켰다고 한다. 우리가 백인우월주의와 자본주의로부터 살아남기 위해 겪은 현실이 너무나도 충격적이다. 우리 몸이 감당해온 것들에 경외감이 든다. 우리는 짐을 덜어야 한다. 해방의 최종 목표는 생존이 아니다. 우리는 번성해야 한다. 쉬어야 한다.

나는 어렸을 때 오라 할머니가 비닐을 씌운 노란 소파에 앉아 매일 30분씩 명상하는 모습을 지켜보곤 했다. 할머니는 아프리카계 미국인 수천 명이 탈출한 1950년대 흑인 대이동 Great Migration 시기에 고향이 있던 미시시피주를 떠났다. 불확실성과 희망으로 빚어낸 우주선을 타고 북으로 향한 할머니는 시카고에 착륙했다. 미국 흑인 여성으로서 가난과 인종차별과 무시를 이겨내며 여덟 자녀를 키우는 마법 같은 일을 해냈다. 할머니가 열정적으로 실천했던 매일 30분씩 '눈 감고 쉬기'는 급진적이었다. '그저 존재할' 공간을 요구하는 할머니의 능력은 하나의 저항이었다.

할머니가 눈을 감고 계실 때면 나는 혹시 깨울까 봐 조심스레 발꿈치를 들고 주위를 맴돌았다. 늘 할머니가 앉은 채 자고 있다고 생각했다. 할머니의 휴식 수행이 몹시 흥미롭고도 희한했다. 내가 주무시냐고 물으면 할머니는 한결같이 이

---

* Ku Klux Klan. 미국 남북 전쟁 이후 생겨난 백인우월주의 극우 단체로, 흑인의 동등한 권리를 거부하고 흑인에게 박해와 테러를 가했다.

서문

렇게 답했다. "눈을 감고 있다고 자는 건 아니란다. 눈을 쉬
면서 하느님이 내게 전하시려는 말씀에 귀를 기울이는 중이
야." 온 세상이 자신의 영을 짓밟으려 들 때, 할머니는 휴식
을 취함으로써 과로문화*의 마수에 저항했다. 할머니는 내
어머니에게도 쉬라고 가르쳤고, 나도 어머니로부터 그 가르
침을 받았다. 휴식이 우리 모두를 더 인간답게 만드는 하나
의 방법이라 여기기에 나는 자기만의 휴식 여정에 오르는 수
천 명을 안내하는 역할을 겸허한 마음으로 받아들이고 있다.

내가 휴식에 관한 영감을 얻는 경로는 깊고도 넓다. 나는
발명으로부터, 또 맨땅에서 새로운 것을 창조할 기회로부터
영감을 얻는다. 뒤섞기와 전복적인 태도에서 영감을 얻는다.
부스러짐과 유연함으로부터 영감을 얻는다. 상상력으로부
터 영감을 얻는다. 슬픔, 애도, 탄식에서 영감을 얻는다. 취약
하고 생성적인 공간에서 치유가 일어난다고 굳게 믿는다. 휴
식, 공상, 잠으로부터 영감을 얻는다.

우리가 집단적으로 쉬기는 쉽지 않을 것이다. 문화 전체가
힘을 합쳐 우리를 쉬지 못하게 몰아간다. 나는 이런 현실을
아주 잘 안다. 체제는 우리를 기계 취급하며 수면 부족 상태
로 몰아가지만 몸은 기계가 아니다. 우리 몸은 해방의 장소
이다. 우리는 신성하며 우리의 휴식도 신성하다. 우리의 휴
식 운동에는 시너지 효과와 상호 연결성과 깊은 집단적 치유

---

* grind culture. 장시간 노동과 생산성을 강조하는 사회적 풍조를 가
리키는 표현으로, 일부 기술 업계에서는 긍정적인 의미로 쓰이기도
하지만 이 책에서는 자본주의의 궁극적인 해악으로서 주요 비판의
대상이 된다.

가 담겨 있다. 나는 모두가 휴식, 수면, 낮잠, 공상, 속도 줄이기를 통해 깨어나 진실한 자신과 마주할 수 있다고 믿는다. 휴식은 가장 깊은 자아로 통하는 치유의 관문portal이다. 휴식은 급진적이다.

우리는 억압 속에서도 휴식과 급진적 돌봄으로 가득한 삶을 창조하는 공간에 굳건히 발 딛고 서야 한다. **휴식은 저항이다.** 이것이 우리의 구호이자 주문이다. 외침이다. 휴식은 자본주의와 백인우월주의를 뒤흔들고 밀쳐내기에 하나의 저항이다. 이 해로운 체제들은 인간의 고유한 신성을 외면하며 수 세기에 걸쳐 몸을 생산, 악행, 파괴의 도구로 써왔다. 과로문화는 온 인류를 사람보다 이윤을 우선시하는 자본주의 체제에 기꺼이 목숨 바칠 의향을 지닌 기계로 만들었다. **휴식은 저항이다** 운동은 진정한 본성을 되찾게 하는 연결 고리이자 통로이다. 우리는 껍질을 벗고 자본주의와 백인우월주의의 공포를 겪기 전의 진정한 자신으로 돌아간다. 이대로 충분하다. 우리는 신성하다.

휴식하지 않으면 이룰 수 없다. 나는 우리가 이루어내기를 바란다. 우리는 번성해야 한다. 함께 휴식할 때 자유를 얻고 생각을 바꾸게 될 것이다. 휴식 운동. 영적 운동. 돌봄과 정의에 기반한 정치적 운동. 세뇌에서 벗어나려면* 의지와 시간이 필요할 것이다. 휴식은 세심한 사랑의 실천이며, 우리

---

* deprogram. 종교 분야에서 특정 종파의 교리에서 벗어나는 과정을 가리키는 말로 쓰이며 한국어로는 종종 '탈세뇌'로 번역된다. 한국어판에서는 의미 전달을 위해 이처럼 풀어쓰되 때에 따라 '탈세뇌'로도 옮겼다.

서문

는 수면 부족과 휴식에 관한 사회적 인식에서 벗어나 앞으로의 인생을 살아갈 것이다. 이것은 축복이다. 휴식은 우리가 최선을 다하지 않고 있다는 거짓말을 뒤흔들기에 급진적이다. "아니, 그건 거짓말이야. 난 이대로 충분해. 나는 여기에 존재하는 것만으로 언제나 가치 있는 존재야"라는 외침이다. **휴식은 저항이다** 운동은 우리의 진정한 본성을 되찾게 하는 연결 고리이자 통로이다. 우리는 껍질을 벗고 자본주의와 백인우월주의의 공포를 겪기 전의 진정한 자신으로 돌아간다. 이대로 충분하다. 우리는 신성하다. 우리 몸은 이 해로운 체제의 것이 아니다. 우리가 더 잘 안다. 우리 영이 더 잘 안다.

피로의 유산은 내 대에서 끝난다. 나는 휴식이 제공하는 관문으로 당신을 초대한다. 자본주의는 나를 가질 수 없다. 백인우월주의는 나를 가질 수 없다. 나와 함께 우리의 꿈의 공간을 되찾자. 지금이 쉴 때이다.

들어가며

오늘은 당신이 쉬었으면 좋겠다. 지친 상태가 정상적인 삶의
방식이 아님을 마음속 깊이 이해하기를 바란다. 그대로
충분하다. 쉬어도 된다. 인간으로서 당신이 지닌 신성을 중심에
두지 않는 모든 것에 저항해야 한다. 당신은 보살핌을 받을
가치가 있다.

나는 이 책이 기도이기를 바란다. 저항을 위한 실전 안내서. 우리 몸, 여가, 꿈의 공간을 강탈해가는 자본주의와 백인우월주의의 진실을 파헤치는 현장에서 우리 모두 활용할 문서. 당신의 몸과 머리 위로 조용히 내리는 축복. 휴식을 향한 체화된 순례. 이것이 우리의 집단적 생존 및 현재와 미래의 번영의 선언이 되기를. 당신은 과로문화의 것이 아니다. 폭력의 순환 고리를 벗어나자. 그것은 우리가 지핀 불에 타들어가고 있다. 과로문화는 당신을 가질 수 없다.

억압 없는 세상을 상상해보자.

좀 더 시간을 들이자. 부드러움을 그려보자.

심호흡을 하자.

정의가 중심이 되는 세계를 상상하자.

여기에 머무르자.

꿈의 공간에 온 것을 환영한다. 내려받는download 공간. 공상하는 공간. 여기에 머무르자. 쉬자. 꿈의 공간에 머무르자. 집단적 휴식이 당신을 구원할 것이다. 당신은 그대로 충분하다. 꿈꾸는 것으로 충분하다. 이것은 상상하는 작업이다. 속도를 줄일 때 문이 열린다. 당신은 쉴 수 있다.

나는 백인우월주의와 자본주의의 번잡함과 기만에 사로

들어가며

잡혀 지칠 대로 지친 모든 이를 위한 정의가 살아 있는 세상을 꿈꾼다. 자유로운 휴식 속에서 삶을 탐색할 공간이 주어지기를. 모든 문화가 속도를 줄이기를. 우리 다 함께 쉬기를.

우리 문화 전체가 수면 부족에 시달리며 지칠 대로 지쳐 있다. 이 책이 **휴식은 저항이다** 운동을 위한 전장의 함성이자 안내서, 지침, 베개, 지도가 되기를 바란다. 지친 이들과 희망을 품은 이들을 위한 선언문이 되기를. 상상의 도구가 되기를 바란다. 그렇기에 당신이 이 책을 들고 있다면 기쁠 따름이다.

사람들이 깨어나고 있다. 깨어나고 있다. 자신이 해로운 체제 아래에서 조종당하고 있다는 진실을 향해 깨어나고 있다. 치유를 위해 깨어나고 있다. 쉬기 위해 깨어나고 있다. 우리는 더 이상 과로문화의 희생자가 되지 않을 것이다. 과로문화는 백인우월주의와 자본주의의 합작품이다. 신성한 우리 몸을 기계로 볼 뿐이다. 우리의 가치는 생산성과 결부되어 있지 않다. 다른 길로 갈 수 있다. 우리는 극단적인 단절과 부정의 길을 걸어왔다. 쉬어야 한다는 몸의 요구를 무시함으로써 영과 단절되고 있다. 몸은 우리의 성소이다. 우리가 지닌 유일한 것이다. 몸은 변화의 도구이다. 해방의 장소이다. 몸은 알고 있다. 지금이 쉴 때이다. 휴식은 거부하고 뒤흔드는 영에 깃들어 있기에, 우리가 집단적으로 쉬면 세상이 바뀔 것이다. 휴식은 항거이다. 휴식은 저항이다. 휴식은 배상reparations이다.

나는 미지의 신비와 실험이 있었다는 사실, 체제가 무엇을 명하든 끊임없이 자유를 요구하는 움직임이 있었다는 사실에 늘 감사한다. 우리가 어떤 삶을 살든 기댈 수 있는 신성이 있음에 감사한다. 형이상학적 능력과 정신적 감응력에 감사하며, 얼마나 많은 노동을 견딜 수 있는지가 우리의 가치와 상관이 없음을 깊이 아는 데에 감사한다. 이 휴식의 메시지는 억압을 뛰어넘는 힘의 메시지다. 휴식은 치료제이다. 우리는 쉴 것이다!

낮잠사역단의 교리

1. 휴식은 자본주의와 백인우월주의를 뒤흔들고 밀쳐내므로 하나의 저항이다.
2. 우리 몸은 해방의 장이다.
3. 낮잠은 상상과 발명과 치유의 관문을 열어준다.
4. 우리는 빼앗긴 꿈의 공간을 되찾기를 원한다. 휴식을 통해 이를 되찾을 것이다.

위의 교리는 내가 휴식을 통해 평온을 찾기 시작하던 몇 달 사이에 꿈을 통해 얻은 것이다. 내 안에서 엄청난 치유의 문을 찾아 열어준 이 교리 하나하나가 과로문화가 우리와 공동체를 향한 사랑을 갉아먹는 방식과 깊이 연관되어 있다. 처음에 나는 이 교리들을 개인적인 휴식 실험의 근거로 삼기 위해 연습장에 낙서하듯이 써놓았다. 교리 하나하나를 놓고 명상하면서 내 시간을 지배하는 힘으로부터 시간을 되찾아오려 할 때 영에 무슨 일이 일어나는지 이해하고자 했다.

들어가며

교리 1. 휴식은 자본주의와 백인우월주의를 뒤흔들고 밀쳐내므로 하나의 저항이다.

첫 번째 교리는 내 귓가에 울리는 작은 종소리가 되었다. 내 조상들과 더 깊이 접속하려고, 그들을 위해 쉬려고, 삶을 지키려고 침대나 소파에 몸을 누이며 비밀스레 외치는 전장의 함성이었다. 휴식을 취하고 일어날 때마다 달라진 느낌이 들었다. 외모도 달라지고 생각도 달라지고, 깨어 있는 동안에는 풀리지 않던 것도 낮잠을 자고 나면 이해되었다. 나는 얼굴 위로 밝게 내리쬐는 햇빛을 받으며 오라 할머니가 내 손을 잡고 풀밭을 가로지르는 꿈을 꾸었다. 얼마 안 가서 갑자기 할머니가 들판을 침대 삼아 누워보라고 몸짓으로 일러주었다. 손을 놓고 천천히 풀밭에 누우니 할머니도 옆에 나란히 누웠다. 우리는 마주 보고 누워 서로의 얼굴을 주의 깊게 들여다보았다. 할머니가 눈으로 내 얼굴 전체를 훑는 동안 나도 똑같이 했다. 마음은 경외심과 감탄으로 가득 찼고, 지극히 안전하고 포근하게 보호받는 느낌이 들었다. 나는 활짝 웃으며 잠에서 깨어났다. 끝나지 않았으면 했다.

체제는 우리가 피로한 상태에 머무르도록 조종하고 사회화한다. 우리는 끝없는 트라우마의 순환 고리에 갇혀 있을 수 있다. 자신이 신성한 존재라는 진실을 붙들고 있지 않으면 계속 세뇌당할 가능성이 있다. 나는 "쉬면서 어떻게 생계를 유지할 수 있죠?"라든가 "더 쉬고 싶지만 돈 나갈 데가 많아요. 어떻게 해야 쉴 수 있을까요?"라는 질문을 수천 번은 받았다. 지친 사람들의 절박한 질문에 너무나도 많이 맞닥뜨렸는데, 이는 우리 문화가 집단적으로 어떤 위기에 처했는지 알려주는 현상이다.

자본주의는 플랜테이션에서 탄생했다. 그 근원은 폭력과 탈취이다. 우리 문화는 이 역사적 진실을 얼버무리고 넘어간다. 하지만 이 현실의 틈새를 파고들어야 과로문화의 세뇌를 깨뜨릴 수 있다. 이 진실을 이해하고 숙고하면 우리 모두 애도의 공간에 들어서게 될 것이다. 우리는 애도해야 한다. 휴식이 열어주는 그 애도의 공간에서 우리는 과로문화로 인한 트라우마를 치유할 수 있다. 애도는 신성한 행위이며 휴식수행을 통해 몸과 다시 연결될 수 있는 한 가지 방법이다.

자본주의는 우리가 1)단절되고 소진되는 공간에서 기계처럼 일하거나 2)먹고살 길을 내내 염려하며 휴식을 취할 공간, 우리의 가장 높은 자아와 연결될 공간을 마련한다는 두 가지 선택지만 인식할 수 있도록 우리를 궁지로 밀어 넣었다. 빈곤의 폭력적인 현실과 결합한 이 경직된 이분법이 수면 부족과 끊임없는 생존을 향한 몸부림의 공간에 우리를 붙들어둔다.

이러한 거짓말로부터의 해방은 세뇌 벗어나기, 휴식의 힘 활용하기, 유연하고 전복적으로 행동하기를 발판으로 이루어진다. 우리에게는 더 많은 선택지가 있다. 무한한 가능성이 있는데도 자본주의 체제에서 사는 우리는 희소성의 모델에 가로막힌다. 이런 공간은 당신에게 그 무엇도 충분치 않다는 잘못된 믿음을 심는다. 돈도 부족하고 돌봄도 부족하고 사랑도 부족하고 관심도 부족하고 평화도 부족하고 연결성도 부족하고 시간도 부족하다. 부족한 것투성이다.

"생활비가 드는데 어떻게 쉴 수 있나요?"라는 절박하고도 타당한 질문이 이 사역의 핵심이다. 과로문화가 계속 유발해

들어가며

온 트라우마의 증거이자 휴식을 재상상할 필요의 증거이기도 하다. 저항으로서의 휴식은 평생에 걸쳐 풀려나는 과정이 될 것이다. 사고의 전환이자 은혜로 가득 찬 느리고 꾸준한 수행. 우리는 새로운 길을 상상해야 하며, 휴식은 이 발명의 기반이 된다. 쓸 수 있는 모든 수단을 동원해 과로문화가 우리에게 저지른 짓을 꾸준히 바로잡아야 한다. 우리는 평생에 걸쳐 과로문화를 뒤흔들고 밀쳐낼 것이다. 이를 통해 새로운 미래가 가능하다는 희망을 얻는다. 영감을 얻고 휴식의 비전을 붙들자. 줄곧 우리의 신성을 무시하는 체제를 집단적으로 밀쳐내야 한다. 우리의 역량이 존재 가치와 연결되어 있다는 거짓말을 받아들이고 믿는 것은 식민화이다. 계속 되뇌자, 나는 이대로 충분하다고. 이 밖에 다른 길은 없다. 의도했든 의도하지 않았든 우리 모두 과로문화의 마력에 빠져 있다. 태어날 때부터 백인우월주의 문화를 통해 급박하고 단절된 삶을 숭배하는 무리에 천천히 젖어들었다.

우리가 쉬지 못하도록 문화 전체가 공모해 몰아가는 통에 몸 상태에 귀 기울이고 휴식을 취하려고 하면 극도의 죄책감과 수치심을 느끼는 사람이 많다. 이 사실을 우리가 폭력적인 체제에 조종당하고 속아왔다는 강력한 증거로 받아들이자. 이 깨달음을 통해 애도하고 회복하고 휴식하고 치유할 수 있다. 장막이 걷히는 기쁨을 누릴 수 있다. 우리가 창조할 수 있는 새로운 세계가 여기서 시작된다. 그러니 이 휴식의 사역을 머리로 이해하는 편안한 단계로 도약하기에 앞서 우선은 좀 쉬자. 하루에 단 몇 분만이라도. 이는 시류를 타거나 급하게, 얄팍하게 할 수 있는 일이 아니다. 휴식하기는 깜짝 놀랄 만한 방식으로 우리를 사로잡을, 오래되고 느리며 연결

되는 작업이다. 과로문화의 세뇌에서 벗어나는 경이를 느껴
보자. 우리의 온 존재가 천천히 전환을 시작하게 하자. 휴식
에 아득히 빠져들자. 담요를 끌어당겨 편안한 상태에서 휴식
이 우리를 어떻게 놀라게 하고 다독여줄지 열린 마음으로 기
다려보자.

　나는 지칠 대로 지쳤던 순간을 끝없이 이야기할 수 있다.
부모님과 조부모님이 녹초가 된 모습도 수없이 보았다. 내
몸이 제대로 망가지고 단절될 지경까지 내몰린 순간이 셀 수
없이 많다. 몸과 마음이 매우 지쳐 완전히 탈진하기 직전까
지 몰려보았다. 따라서 이대로 계속 버틸 수 있을까 하는 염
려에서 벗어나 맞이하는 포근하고 고요한 이런 순간들에 관
해 말할 수 있다. 우리 모두 피로의 유산을 물려받았지만 이
유산은 유독 피부색 짙은 이들의 몸에 쌓여 있는 것 같다. 플
랜테이션 노동자와 소외된 자들의 후손에게서 이 피로가 심
각하게 드러난다. 수면 부족은 공중 보건 문제인 동시에 영
적인 문제이다. 이것이 영적인 문제라는 데는 몇 가지 이유
가 있다. 우리는 우리가 하는 모든 일이 개인의 능력만으로
이루어지는 것이라고 믿도록 훈련받았다. 하지만 모든 사물
에, 우리가 하는 모든 일에 영적인 차원이 존재하기 때문에
이것은 거짓이다. 우리가 물질계를 탐험하는 영적인 존재임
을 이해하면 영적 수행으로서의 휴식의 가능성을 받아들이
게 된다. 우리의 삶 전체가 영적 수행이다. 휴식, 수면, 속도
줄이기를 거부하는 것은 자아의 문제인 경우가 많다. 무엇이
든 다 할 수 있고 해야 한다고 믿는 것은 우리가 영적으로 단
절된 채 개인주의에 집착하기 때문이다. 영과 공동체에 어떤
영향도 받지 않은 채 성취할 수 있는 일은 하나도 없다. 우리

들어가며

는 그 어떤 것도 혼자 할 수 없다.

자본주의적, 백인우월주의적, 장애차별주의적ableist, 가부장적 세계에서 휴식, 낮잠, 수면, 속도 줄이기, 여가를 중심에 두는 것은 영외outlier의 삶이다. 부드러움, 지향성, 공동체 돌봄을 품고 나아가는 순례의 여정. 혼자서는 과로문화의 기계를 멈출 수 없다. 생각보다 훨씬 더 많은 측면에서 우리에겐 서로가 필요하다. 이 사역은 급진적인 공동체 돌봄에 관한 작업이다.

교리 2. 우리 몸은 해방의 장이다.

이 체제의 거짓말, 위협, 트라우마를 겪기 전의 본연의 상태로 돌아감으로써 보다 인간적인 존재가 되는 것. 백인우월주의, 자본주의, 가부장제의 공포를 겪기 전의 자신으로 돌아가는 것이 휴식의 힘이다. 어떤 대가를 치르더라도 계속 생산해야 한다는 이 문화의 끝없는 요구에 더 이상 유린당하지 않는 것. 바로 우리가 쉬는 이유이다.

스스로 성취한 일과 은행 계좌를 제외하면 우리 존재는 충분하지도 신성하지도 가치 있지도 않다고 믿도록 조종당하는 현실을 애도하는 것이 이 휴식 사역의 핵심이다. 슬프고 괴로운 핵심이다. 실제로 나는 낮잠사역단의 기초를 닦기 시작한 2015년에야 나와 수많은 이의 내면에 존재하는 슬픔을 직면하고 인정하기에 이르렀다. 이 책을 읽는 이들 중에는 생산성과 돈에 자신의 가치를 결부시키는 것이 슬프거나 고통스러웠던 적이 전혀 없는 사람도 많을 것이다. 이 사실만으로도 쉬어야 할 이유는 충분하다. 하지만 세뇌당하는 우리의 현실을 해결하지 않은 채, 태어날 때부터 자본주의의 트라우마를 겪어온 사람에게 자꾸 누워서 쉬라고만 할 수는 없다. 기계 수준의 노동 속도로 인해 육체에, 자존감에, 영에 무슨 일이 벌어졌는지, 그 진실을 마침내 깨달을 때 세뇌에서 풀려나는 과정이 시작된다.

나는 속도를 줄이고 쉬기를 갈망하는 사람들을 상담하면서 과로문화가 우리를 통째로 집어삼키는 미묘하고도 대담한 방식을 목격했다. 부모가 되면서 과로문화가 어떤 식으로 두려움과 급박함을 사회화하기 시작하는지 깨달았다. 의료 산업은 아직 배 속에 있는 내 아들을 빨리 꺼내고 싶어 했다. 의사는 임신 중에 아들이 어느 정도까지 자랄지 알아내려고 애썼다. 의료진의 염려는 거기서 그치지 않아 여덟 달째에는 쌍둥이일 가능성을 배제하기 위해 나를 전문가에게 보내 정밀 초음파 검사를 받게 하기에 이르렀다. 나는 이미 쌍둥이가 아니라고 느끼고 있었고 성별도 남자아이일 거라 정확히 예측했다. 내 키가 182센티 정도이고 부모님을 포함한 우리 가족 모두 180센티가 넘으니 아이 몸집도 크리라 보았다. 우리 집안 여자들은 모두 아이를 크게 낳았다. 이런 가족사를 의사에게 전했지만 의료 체계가 대개 그러하듯이 듣지 않았다. 예정일을 나흘 앞둔 마지막 검진일에는 의사가 이렇게 큰 아기가 자연 분만으로 나올지 확신할 수 없으니 제왕절개술을 해야 할 수도 있다는 뜻을 비쳤다. 자기가 가장 최근에 받은 몸집 큰 아기에게 합병증이 있어 현재 법정 다툼 중이라면서 이렇게 말했다. "지금 당장 애를 꺼냅시다."

나는 굴욕감에 휩싸였지만 자연 분만을 시도하게 해 달라고 애원했다. 검사 결과에 찍힌 4~4.5킬로까지는 안 될 거라며 확신에 차서 이렇게 말했다. "이 애는 3.6킬로일 거예요. 제 영으로 직감해요." 의사는 서둘러 다급한 목소리로 안 된다고, 당일 저녁에 제왕절개술을 실시할 거라고 일렀다. 충격을 받은 나는 집으로 돌아가 울면서 출산 준비를 했다. 제왕절개가 무사히 끝난 다음 측정한 아기의 몸무게는 예상대로 정확히 3.6킬로였다. 의사는 경악하며 "알고 계셨군요!"만 되풀이했다.

자본주의가 내 아이가 세상에 나오는 과정을 전적으로 통제하고 주도할 수 있는 권한을 쥐고 있으며 이 권한을 얼마나 깊숙이 발휘할 수 있는지 경험한 나는 깜짝 놀랐다. 과로문화는 우리 삶의 모든 면을 장악했다. 미지의 영역으로 발을 내딛으면 어떤 일이 벌어질지 두려워하는 마음은, 자본주의와 그 속에 내포된 분주함 및 생산성을 향한 숭배에 의해 정교하게 짜여진 것이다. 우리는 벗어날 수 없으며 희망도 없다는 느낌에 사로잡혀 있다. 당신은 사실 희망이 없지는 않다고 믿을 만큼 나를, 당신의 신성을 믿을 것인가? 우리가 충분히 쉬는 미래를 맞이할 수 있다고 단 한순간이라도 믿을 수 있겠는가? 나는 우리가 다 함께 이 길을 천천히 걷고, 함께 몸을 누이고, 집단적으로 서로를 돌보며 휴식을 실현해가기를 요청한다.

나의 직감을 무시하도록 의사의 사고를 지배해 결국 불필요한 제왕절개로 인한 고통과 실망만 남긴 것은, 과로문화의 기능 중 하나인 공포였다. 의사는 소송을 피하고, 자연 분만 때문에 더 긴 시간을 할애하지 않고도 다음 환자로 넘어갈 수 있도록 아이를 즉시 꺼내고 싶어 했다.

그 후 느린 속도로 흘러가는 우리 집에서 안락하게 지내던 아들이 공교육 체계로 들어가면서 나는 아이의 의견, 자기 몸과의 연결성, 직관이 공격당하는 과정을 목격하게 되었다. 초등학교에서 학생은 지시에 따르고 사실을 외우고 무슨 일이 있어도 시간을 지킬 수 있는 노동자가 되도록 훈련받는다. 상상력과 비판적 사고력은 일률적인 학습과 표준화된 시험으로 대체된다. 아들이 3학년이었을 때 나는 매주 교실에서 자원봉사를 했는데 한번은 교사가 학생들에게 이렇게 말했다. "소변은 참으세요. 앞으로 20분 동안은 화장실에 못 갑니다." 나는 여덟 살짜리 아이가 몸을 편하게 풀어놓을 수 있기까지 20분 동안 몸을 비틀며 참는 모습을 공포스럽게 지켜보았다. 학생이 너무 많아 압도당한 것이 틀림없어 보이던 교사가 신호를 계속 무시하는 바람에 결국 그 아이는 옷에 소변을 보고 말았다. 나는 아이를 화장실로 데려가 씻긴 다음 교무실로 가서 부모에게 연락을 취하도록 했다.

이렇게 공립 학교 체계 안에서 신체를 노골적으로 무시하고 불필요한 수치심을 유발하는 상황을 겪으면서 몸의 필요를 무시하는 법을 배우는 과정이 시작된다. 세뇌가 시작되는 것이다. 공립 학교에서 체육, 휴식, 낮잠 시간을 없애는 것은 이 문화가 공간, 연결, 속도 줄이기에 관심이 없다는 사실을 더욱 잘 드러내는 증거이다. 체제의 이러한 사회화와 조종을 꾸준히 경험하다 보면 우리는 과로문화의 주체가 된다.

많은 이가 과로문화는 손 닿지 않는 곳에서 우리의 모든 행동을 조종하는 괴물이라 믿지만, 현실에서 과로문화는 바로 우리 자신이다. 우리가 과로문화를 형성한다. 그것은 우리가 매일 하는 행동, 기대, 스스로와 서로를 둘러싼 세상과 상호 작용하는 방식이다. 우리는 문화적으로 모든 면에서 과로문화의 거짓말을 믿도록 사회화되고 조종당하고 세뇌되어왔다. 자본주의 체제가 번영하려면 생산성과 노동에 관한 우리의 잘못된 믿음이 유지되어야 한다. 그 교훈을 내면화한 우리의 영은 좀비처럼 변하고 몸은 지쳐버렸다. 그래서 고도로 생산적이고 효율적인 양 위장하고 자신과 서로를 다그친다. 아주 어릴 때부터 쉬어야 한다는 몸의 요구와 서서히 단절하는 과정을 거치고, 기력이 다하도록 일하면 칭찬받는다. 자녀가 우리와 동일한 강도로 노동 문화에 참여하지 않으면 "게으름 부리지 말아라"라고 한다. 자기 마음에 귀를 기울이지 못한 채 과하게 밀어붙인다. 자본주의 체제의 유혹에 빠진 희생양으로서 관리자, 교사, 지도자가 되어 함께 일하는 이들을 기계로 취급한다. 할 일 목록에 오른 일들을 완수하지 못하면 긴장하고 초조해한다. 덜 인간적이고 덜 안정적인 존재가 된다. 우리에게는 번영이 아닌 생존만이 가능하다고 믿는다. 돌봄은 불필요하고 중요치 않다고 생각한다. 사실 쉴 필요가 없다고 믿는다. 자본주의 체제에서 우리는 열심히 노력하면 성공이 보장된다는 잘못된 믿음을 품고 있다. 기억나는 한 아주 오래전부터 나는 끊임없이 이 얘기를 들어왔다. '투잡을 뛰는데도' 고지 요금을 제때 납부하거나 저축을 할 수 없던 시절에는 밤마다 이렇게 되뇌었다. "밤새워 뛰자, 열심히 일하자, 대학에 가자, '쓰리잡 뛰고' 부업도 구하자." 그러다 자본주의, 가부장주의, 장애차별주의, 반흑인주의 체제에서는 왜 내가 원하는 성공을 이룰 공간을 확보할 수 없는지 불현듯 깨달은 순간을 또렷이 기억한다. 과로문화가 떠받드는 '성공'은 쉼 없는 노동과 물질적 부와 과로를 영광스러운 훈장처럼 중시한다. 휴식은 우리가 편안하고 느긋한 본연의 상태로 돌아가 트라우마를 해소함으로써 번성하고 진화할 수 있는 첫걸음이다.

우리는 생존만이 아니라 궁극적으로 번영을 이루어야 할 신성한 존재이다. 문화 전체가 힘을 합쳐 우리의 휴식을 가로막는다. 초중고에 걸친 공교육과 고등교육, 신앙 및 종교 교파, 의료 산업, 비영리 조직, 활동가 단체, 기업까지 모두. 심지어 웰니스wellness 산업에 종사한다고 주장하는 이들마저 극도의 노력, 과로, 자본주의, 야심 찬 여성 사업가girl boss라는 이상, 경쟁, 돈, 권력을 추구하는 밑바닥 관행과의 공모를 독려한다. 나는 대학이 과로문화의 본산이라고 생각하기에, 피로한 상태로 대학원에 다니던 중에 낮잠사역단을 추진할 힘과 아이디어를 떠올린 것은 매우 자연스러운 일이었다.

우리가 매일 하는 행위와 생산성에 대한 잘못된 믿음이 우리를 로봇이나 기계처럼 행동하도록 몰아간다. 자신과 타인을 급박함이라는 거짓말에 붙들어두는 방식은 백인우월주의 문화이며 이를 받들고 동조하는 한 결코 쉬지도, 억압을 벗어나지도 못할 것이다. 해방과 억압은 같은 자리를 차지할 수 없다. 불가능한 일이다. 이 혼란의 최전선에 선 우리는 천천히 주의를 기울이며 나아가야 한다. 이 사역은 그저 쉬라고 알리는 수준이 아니라 완전한 중단과 여유로운 미래를 향한 전환을 촉구한다. 충분히 쉬지 않으면 정말로 무슨 일이 벌어지는지를, 각자의 단절된 환상 속에서 되살아나는 우리 공통의 어두운 역사를 주저 없이 들여다보고자 하는 정치적 작업이다.

해방은 휴식을 취할 때 다가설 수 있는 치유의 관문과 깊이 연결되어 있다. 몸이 어디에 있든 우리는 휴식과 편안함과 해방을 찾을 수 있다. 세뇌에서 벗어나 휴식을 신성한 권리로 바꾸어놓는 데서 탈식민화가 시작된다. 우리는 신성하다. 우리 몸은 신성한 해방의 장소이다. 몸이 어디에 있든 휴식을 발견하고 잡아채어 중심에 둘 수 있다.

교리 3. 낮잠은 상상과 발명과 치유의 관문을 열어준다.

이 사역은 자본주의와 백인우월주의에 질리고 지친 사람들의 외침이다. 휴식의 장소. 대안적이고 일시적인 기쁨과 자유의 공간이다. 자본주의와 백인우월주의는 모두 인간의 몸을 악하고 지속 불가능한 것으로 본다. 그런 시각에서는 누구도 제대로 주목받지 못하며, 이용하고 학대하고 간과해도 무방한 인간 이하의 기계로 취급받는다. 이 사역은 저항으로서의 휴식에 관한 명상이다. 배상으로서의 휴식에 관한 명상이다. 조상들을 위한 반향이다. 이 생에 내가 하는 행위가 그분들을 흡족하게 하기를. 북소리가 나무들을 흔들어 해방을 일으키기를. 당신이 우리와 함께 쉬기를.

낮잠사역은 저항을, 유연해지기softening를 추구한다. 휴식은 우리로 하여금 손을 잡게 하고, 끌어안으며 잠자게 하고, 몸을 누이며 몸이 해방을 위한 자리를 만들 수 있는 모든 방법을 생각하게 하므로 저항의 메시지이다. 몸과 마음을 쉬는 것은 하나의 저항이다. 휴식을 통해 몸을 존중할 때 자신의 가장 깊은 내면과 연결된다. 자유를 일군다. 너무 지쳐 말하지 못하고 밝히지 못한 우리의 깊은 내면에는 어떤 이야기가 담겨 있을까? 이 휴식의 사역은 기억과 미시사, 우리를 인간으로 만들어주는 모든 것을 위한 자리를 만드는 일이다.

저항으로서의 휴식과 배상으로서의 휴식이라는 개념을 짧게 설명해 달라는 요청을 받아도 몇 줄로 간단히 요약하기란 쉽지 않다. 휴식이 시간 낭비가 아니라 자유와 저항을 생성하는 장소라는 믿음은 직관에 반한다. 우리는 나고 자란 문화 속에서 결코 이런 개념을 배운 적이 없다. 잠깐이라도 아무것도 하지 않는다는 생각은 게으르고 비생산적인 것으로 비친다. 그렇기에 정의justice로서의 휴식에 관한 설명은 다층적이고 미묘하다. 나는 휴식의 메시지를 전하는 가장 간결하고 진실한 방법 하나를 알게 되었다. "휴식은 우리를 더욱 인간답게 만듭니다. 인간다움을 회복하게 합니다"라고 말하는 것이다. 더 인간다워지는 것. 진정한 자신과 연결되는 것이 우리 휴식 운동의 핵심이다.

낮잠사역단을 구상하던 초기부터 나는 "이것은 낮잠 그 이상의 것"이라고 거듭 되뇌었다. 왜냐하면 이 문화에 속한 우리가 표면적으로 얄팍하게 사역에 참여하려 들기 쉽다는 것을 알기 때문이었다. 소셜미디어는 빠르게 화면을 밀어 올리게 하며 눈앞에 뜬 콘텐츠에 쾌감을 느끼고 빠져들게 한다. 소셜미디어가 허용하는 참여에는 깊이와 오랜 숙고와 실천이 결여되어 있다. 낮잠사역단 계정에 올라 있는 밈meme, 나의 표현으로 "선동의 메시지"는 과로문화를 해체할 기반을 다지기 위해 내가 활용하는 수많은 도구 중 하나이다. 하지만 소셜미디어는 자본주의의 확장판으로 만들어진 것이기에 우리는 소셜미디어를 이용하면서도 이를 제대로 이해하지 못한다. 그 플랫폼을 설계한 이들은 우리가 거기서 종일 화면을 넘기고, 돈을 쓰고, 단절된 상태로 재빨리 메시지를 흡수하기를 바란다.

들어가며

메시지의 핵심을 제대로 파악하고자 한다면 휴대전화와 노트북을 내려놓고 쉬어야 할 것이다. 과로문화가 우리에게 트라우마를 안긴 방식을 집요하게 살펴본 다음 이 트라우마를 벗어날 평생에 걸친 치유의 과정에 들어서야 할 것이다. 이 사역은 단순히 낮잠과 수면을 누리는 수준을 넘어, 신성한 인간으로서 자신의 가치에 대해 품고 있던 해로운 이해로부터 완전히 벗어나는 작업이다. 슬픔은 존중과 해방의 강력한 공간이기에 이 문화에서는 애도를 행하지 않으며 시간 낭비로 여긴다. 슬퍼하는 사람은 치유받은 사람이다. 우리 문화가 어째서 치유받은 사람을 원치 않는지 짐작이 가는가?

당신은 쉴 자격이 있다. 휴식을 얻어낼 필요가 없다. 휴식은 내 몸이 완전히 소진되고 나서야 얻을 수 있는 사치, 특권, 보너스 따위가 아니다. 휴식을 특권으로 간주하는 신화를 무수히 접해온 나는 이 개념을 이해하면서도 강하게 반대한다. 휴식은 특권이 아니다. 현 체제가 어떻게 가르치든 간에 우리 몸은 여전히 우리의 것이기 때문이다. 휴식을 사치로 여길수록 과로문화의 체계적인 거짓말을 더 많이 받아들이게 된다. 자본주의가 어떤 이론을 만들어 제시하든 우리 몸과 영은 자본주의의 것이 아니다. 우리의 신성이 이를 지켜주며, 이를 대담하게 주장하는 것이 우리의 권리이다. 나는 절대 과로하지 않는다. 나는 탈진할 때까지 애쓰지 않아도 창조주와 조상들이 언제나 나의 재능과 재주를 펼칠 공간을 만들어준다고 믿는다.

진정한 자신을 알게 해주는 공간으로 깊이 들어설 수 있을 때 수많은 억압의 문제가 끝날 것이다. 권력자들은 우리를 쉬게 할 마음이 없다. 우리가 충분히 쉬고 나면 현실을 깨닫고 체제 전체를 뒤엎으려 들 것임을 알기 때문이다. 피로는 우리를 무감각한 좀비 상태로 만들어 그들의 시계에 맞춰 움직이게 한다. 과로와 소진의 트라우마가 우리의 신성을 계속 끌어내린다. 일단 자신이 신성한 존재임을 깨닫고 기억한다면 우리는 사랑과 돌봄 외의 그 어떤 것도 마음과 정신에 끼어들게 두지 않을 것이다. 자신과 타인을 다정하고 강력한 존재로 대할 것이다. 나는 잠을 자고 나면 눈을 뜨게 마련이라고 말하곤 하는데, 이 말은 우리 자신이 누구이며 어떤 존재인지에 관한 진실에 눈뜨게 된다는 뜻이다. 그리고 체제는 이를 원치 않는다. 이 깨달음의 무게에 짓눌려 무너지고 말 것이기 때문이다.

단언컨대 내 몸이, 세포가, 피부가, 심장이, 숨결이 나로 하여금 계속 휴식에 몰두하게 한다. 그러니 기꺼이 휴식을 가장 깊은 자유와 돌봄의 자리로서 내 삶의 중심에 둘 것이다. 나는 체제의 소유물이 아니다. 그들은 나를 가질 수 없다. 나를 생산 도구로만 보는 체제에 절대 몸을 바치지 않을 것이다. 당신이 이를 천천히 깨닫고 체제는 나를 소유할 수 없다고 선언하길 바란다. 상당한 공이 들 테지만 평생에 걸쳐 진행해갈 창의적이고 아름다운 작업이다. 감사하게도 우리가 살아갈 날이 아직 남아 있기에 급히 치유하려 서두를 필요가 없다. 우리에게는 내일이 있다. 천천히 가도 된다. 깊이 들어가도 된다. 틈새를 파고들 수 있다.

오늘도, 내일도 하루를 시작하며 생각해보자. "오늘은 언제 어디서 쉴 수 있을까?" 책상 앞에서 10분간 쉬는 시간을 정해두거나, 주말에 30분간 낮잠을 자거나 눈을 감고 1분만 쉴 수도 있다. 기술로부터 벗어나detox 사색하며 시간을 보

들어가며

낼 기회를 마련하자. 그리고 귀 기울여 보자. 언제쯤이면 휴대전화의 앱을 하나 삭제하고 그 시간을 드넓은 자아를 회복하는 데 쓸 수 있을까? 어떻게 해야 나에게 이롭지 않은 요청을 거절하고 공동체 돌봄에 담긴 의미를 깨닫는 데 몰두할 수 있도록 단단하고 사려 깊은 경계선을 구축해낼 수 있을까? 이런 생각에 잠기는 것도 하나의 휴식이다.

당신은 밖으로 나가 자연에 둘러싸이고, 하늘을 올려다보고, 풀밭에 발을 딛고, 당신과 마찬가지로 치유가 필요한 땅과 연결될 방법을 찾을 수 있는가? 나는 극도로 지쳤을 때 기차나 버스에 앉아 창밖을 바라보고 있으면 정신을 차릴 수 있었다. 백인우월주의와 자본주의는 수 세기에 걸쳐 우리 몸을 악용했다. 폭력적으로, 한계를 깡그리 무시한 채 말 그대로 뼈가 으스러지도록 노동하기를 강요한다. 과로문화의 주체들에게 우리 몸은 신성한 거처가 아니라 수익을 내는 수단으로 전락했다. 나는 주 40시간 넘게 일해야 하는 저임금 직장에 가려고 지친 몸을 끌고 거리로 나가 버스 정류장으로 걸어가곤 했다. 그 뒤 달리는 기차 안에서 창밖을 바라보며 평화롭고 차분한 순간을 누렸다. 하늘을 올려다보고, 흔들리는 나무들을 지켜보고, 좋아하는 새를 찾아보곤 했다. 그러다 보면 마음이 아주 차분히 가라앉았다. 이런 순간을 맞이하면 기분이 나아지는 게 바로 느껴졌다. 눈을 감고 심호흡하는 순간이 내게는 생명줄이 되었다. 그것이 곧 휴식의 순간이었음을 이제는 안다. 내가 과로문화에서 빠져나와 있는 그대로의 자신에게 온전히 집중하며 몸을 나의 것으로 되찾을 수 있는 순간이었다.

낮잠사역은 내가 공상에 잠기고 낮잠을 자고 속도를 줄이는 사이에 몸과 조상들이 이끄는 대로 시작한 사역이다. 세상을 살아가되 그 안에 속하지는 않는다는 개념은 조상들이 가르쳐준 오랜 전통이다. 조부모와 부모가 매일 그렇게 살았고, 나 역시 주일 학교에서 이런 노래를 합창하며 자랐다. "내가 누리는 이 기쁨은/ 세상이 내게 준 것이 아니라네/ 세상이 준 것이 아니니/ 빼앗기지 않는다네." 나는 이렇게 세상을 거부하면서 우리가 믿는 진실에 귀 기울이는 전략이 존재한다는 데 감사한다.

주류 문화의 요구에 반해 행동하는 것은 위험을 감수하는 일이다. 이 사역은 우리의 직관을 신뢰하고 휴식을 육체적, 정신적 대항으로 여기는 폭 넓은 내면의 앎을 천천히, 깊이 키워나가는 것이다. 휴식을 취할 때 우리는 시간을 구부릴 수 있으며* 나는 느림과 거부가 체현된 사역에 감사한다. 바빠 달리라는 지배적인 문화의 요구에 시간을 들여 맞서는 방식이 해방이다. 그저 존재하는 것, 이미 있으며 결코 빼앗길 수 없는 존재로 더 깊이 굳건해지는 것이 실천이다. 눈과 입을 한껏 벌린 채 더 성취하고 더 성장하고 더 많은 일을 해야 할 필요가 없다. 과로문화는 우리가 몸을 파멸 직전까지 몰아붙이기를 당연시하도록 만들었다. 우리는 다치고 아프고 정신적으로 무너지려 해도 어떤 일이나 행사에 참여한다고 자랑스럽게 떠들어댄다. 몸을 쉬고 돌보고 회복할 필요를 무

---

* 시간을 구부려(timebending) 미래와 현재를 연결한다는 아프리카 미래주의(Afrofuturism)의 철학에 기반한 표현이다. 저자는 휴식을 통해 미래에 실현될 해방을 지금 바로 누릴 수 있으며 그것이 곧 저항이라고 주장한다. 아프리카미래주의에 관한 자세한 내용은 이 책의 4장에 나와 있다.

들어가며

시하면 칭찬과 보상을 받는다. 마치 기계처럼 갈아 넣는 일상이 되풀이되는 사이에 그것이 유일한 길이라는 생각을 내면화한다.

낮잠의 관문에 들어설 때 우리는 새로워진다. 당신이 내면의 창의성에 단단히 발 딛고 서기를 바란다. 공동체 돌봄의 미덕과 힘에, 우리의 공상에 의지하자. 체제가 어떻게 움직이든 해방과 돌봄을 중심에 두는 새로운 길을 닦고, 쉬고, 그 길로 발을 내디딜 수 있다. 휴식은 관문이다. 침묵은 베개. 안식일은 생명줄. 멈춤은 나침반. 치유를 누리자. 뒤흔들자. 물러나자. 속도를 줄이자. 낮잠을 자자.

침묵과 느림은 언제나 예술가로서의 내 작업에 영감을 주었다. 예술가의 역할은 새로운 것을 창조하고 부활시키는 것이다. 나는 공동체의 부활과 개인의 부활에 몰두한다. 영이 있는 곳이라면 어디서든 치유가 가능하다. 나는 발명으로부터, 또 맨땅에서 새로운 무언가를 만들어내는 기회로부터 영감을 얻는다. 뒤섞기에 흥미를 느낀다. 슬픔, 애도, 비탄에서 영감을 얻는다. 나는 이런 곳들이 취약하며 치유가 일어날 생성적 공간이라고 생각한다. 이러한 상태를 보호해야 한다. 한을 풀어주어야 한다.

낮잠사역은 저항으로서의 휴식에 관한 명상이다. 몸과 영혼에 트라우마와 공포를 일으키는 해로운 체제를 해체하는 힘에 주목한다. 우리는 휴식을 치유와 해방의 핵심 수단으로 본다. 수면 부족은 인종적, 사회적 정의의 문제라고 생각한다. 미국은 모든 몸을 환영하지 않는다는 무거운 진실을 받아들일 수 있어야 한다. 미국은 수 세기에 걸쳐 쉬지 않고 일한 흑인과 선주민의 희생 위에서 경제력을 키운 나라다. 백인우월주의는 인간을 신성하지 못한 존재로 바라보는 해로운 견해를 온 국민의 마음과 정신에 심는 수단이 되었다. 휴식은 모든 이에게 자본주의와 백인우월주의의 규약에 맞서는 대항 서사가 되므로 저항이다. 휴식은 우리의 진정한 본성을 되돌리는 연결 고리이자 통로이다. 우리는 자본주의와 백인우월주의의 공포를 겪기 이전의 진정한 자신으로 돌아간다. 우리를 기계로만 바라보는 체제에 반대한다. 이대로는 충분치 않다는 거짓말에 저항한다. 우리는 이대로 충분하다! 우리는 신성하다. 몸은 이러한 해로운 체제의 소유물이 아니다. 우리가 더 잘 안다. 우리 영이 더 잘 안다.

휴식 명상 수련법은 다음과 같다.

의자에 앉아 등을 곧게 펴고 발을 바닥에 단단히 딛는다.

의자에, 침대에, 소파에, 해먹에, 바닥에 편히 기댄다.

몸을 살피며 긴장이 느껴지는 부위를 찾아본다.

숨을 깊이 쉰다.

무한한 세계를 상상한다.

배로 숨을 깊이 들이마시고 4초간 그 상태를 유지한 다음 천천히 내쉰다.

반복한다.

교리 4. 우리는 빼앗긴 꿈의 공간을 되찾기를 원한다. 휴식을 통해 이를 되찾을 것이다.

도둑이 들었다. 꿈의 공간을 훔쳐간 도둑. 우리는 빼앗긴 꿈의 공간을 되찾기를 원한다. 내가 한 걸음 내디딜 때마다 조

들어가며

상들이 손을 뻗어 발을 붙든다. 나를 꼭 껴안는다. 내 몸을 누인다. 우리의 구원인 호혜. 우리는 당신이 쉴 신성한 공간을 준비할 것이다. 희망으로 짠 담요로 우리를 둘러싸길 원한다. 기쁨은 우리가 나면서 얻은 권리다. 즐거움은 우리의 치료제이다. 휴식은 우리의 저항이다.

소셜미디어가 우리의 기록과 기억을 앗아가고 있다. 과거로 거슬러 올라가 조언을 얻고 자극받고 기초를 익히는 능력을 앗아간다. 이 휴식 운동은 갑자기 시작된 유행이 아니라 고대부터 이어져온 해방의 사역이다. 휴식을 흑인이 과거의 희생을 뒤늦게 보상받으려는 시도로 규정하는 것은 언제나 휴식을 삶과 저항의 중요한 부분으로 여겨온 수많은 내 조상과 현시대인 들을 역사에서 지우는 짓이다. 작가 오드리 로드와 앨리스 워커, 해리엇 터브먼, 나의 할머니 오라와 어머니 진, 민권 운동 시기에 버스 타기 운동을 펼친 프리덤 라이더스 등. 흑인 사망 사건이나 반흑인주의, 흑인에 대한 억압은 갑자기 나타난 것이 아니라 오래전부터 이어져온 현상이다. 문제를 종합적으로 보지 않으니 트라우마가 더 커지고 있는 것이다.

대서양 노예 무역, 동산 노예제chattel slavery, 플랜테이션 노동의 역사에 관해 생각하면 자본주의가 이런 체제에서 발전했다는 사실을 우리가 얼마나 외면하며 살아왔는지 새삼 놀라게 된다. 혐오에 사로잡히고, 인간의 신성한 몸을 사유 재산으로 바라보도록 훈련하는 체제에 세뇌당한 백인들은 수세기에 걸쳐 인간의 몸을 기계처럼 밀어붙이는 실험을 거듭해왔다. 이러한 사실 자체가 내가 절대로 체제에 몸을 바치지 않고 거부와 저항의 정치로 삶을 헤쳐나가려는 이유가 된다. 여전히 조상들에게 빚지고 있는 체제에 동조하도록 양심과 영이 용납하지 않으리라. 스스로 당당하고 자랑스럽게 몸을 탈진할 지경까지 갈아 넣는 것은 자신을 지독히 무시하는 무례한 행위이다. 나는 더 이상 그런 짓을 하지 않는다.

내가 급진적인 신념과 '결과는 하늘에 맡기자'라는 가치관에 눈을 뜨게 된 것은 신학대에 다니던 첫해인 2013년에 내 삶을 지키기 위해 휴식의 실험을 시작하면서였다. 이 사적인 경험이 지금의 낮잠사역단 활동이 되었다. 조상들의 목소리와 사연을 공부하고 몸과 마음을 집중해 그들에게 귀를 기울이고 소통할수록 그들이 플랜테이션 농장에서 강제 노동하면서 겪은 끔찍한 일들을 재현할 엄두도 낼 수 없었다. 대학원에서 6개월에 걸쳐 존 블래싱게임의 『노예 증언: 두 세기의 편지, 연설문, 인터뷰, 자전적 기록Slave Testimony: Two Centuries of Letters, Speeches, Interviews, and Autobiographies』을 읽었을 때의 기억이 선명하다. 소파에 누워 이 방대한 기록사 모음집archival history을 읽는 동안 노예로 사는 사람들의 일상생활을 간접 경험하면서 분노와 힘을 느끼곤 했다. 그 책에 담긴 기록 중에는 버지니아에서 태어나 노예 생활을 했고 1841년에는 영국에 살고 있었던 매디슨 제퍼슨과 진행한 인터뷰가 있다. 제퍼슨은 노예 250명이 담배, 옥수수, 대마를 재배하던 농장에서 노동자 겸 목동으로 일했다. 나는 머리를 다친 채 농장에서 강제 노동을 하다 죽어간 그의 형제 이야기에 전율하면서, 언제나 일하기 위해 고통과 건강 이상을 무시하라고 강요하는 자본주의에 관해 생각해보게 되었다. 내가 자동차 사고를 당했을 때 받은 트라우마도 떠올랐다. 어깨 신경이 짓눌려 응급실에 실려간 내게 당시 직장 상사는

들어가며

"기운 내서 몇 시간 정도 나와 있을 수만 있다면" 출근하라
고 했다.

인터뷰에서 제퍼슨이 밝힌 자세한 사연이 이어지는데, 나
는 그 내용을 읽고 그때까지 전혀 겪어본 적 없는 분노와 공
감에 빠져들었다. 제퍼슨은 탈출을 시도했다는 이유로 채찍
50대를 맞고 사슬에 묶인 채 캄캄한 지하 감옥에 갇혀 있다
가 밭일을 하기 위해 풀려난 적이 있다고 했다. 블레싱게임
은 이렇게 서술한다.

> 그들은 매일 해 뜰 때부터 질 때까지 일했고, 바쁠 때는 두
> 시간 일찍 나서기도 했다. 대개 휴일로 여기던 일요일에도
> 종일 밀을 묶고 대마를 거두고 담배와 옥수수를 베는 일에
> 동원될 때가 많았다. 아침 식사는 보통 9시경에 했는데 노
> 동 강도에 따라 30분에서 한 시간 정도 주어졌다. 평상시
> 에는 저녁에 한 시간 정도 식사를 했지만 바쁠 때는 하루에
> 두 끼만 먹어야 했고, 그것도 계속 일을 하면서 옥수수 한
> 대로 떼우는 식이었다… 전반적으로 노동의 대가는 매우
> 적었다. 매디슨은 이렇게 말한다. "일이 끝나고 집에 가는
> 길에 배가 고파 울곤 했죠. 형제자매들이 곁에서 먹을 것을
> 달라고 울어대도 어머니는 내어줄 것이 없었어요."[1]

플랜테이션 농장에서 노예로 살았던 이들과 후손들이 감당
해야 했던 노동과 생계와 생존의 잔혹함은 충격적이며, 내가
수면 부족을 정의의 문제로 내세우는 이유도 여기에 있다.

과로문화는 자본주의와 백인우월주의의 합작품이다. 자본
주의는 플랜테이션에서 나왔다. 이 패러다임에서 현재의 노

동 체계가 만들어졌다. 나는 이 점을 깨닫고 변화했고, 이러한 인식이 과로문화의 세뇌에서 벗어나는 과정에 꼭 필요하다고 생각한다. 고통스러운 깨달음이지만 치유할 방법을 찾으려면 반드시 마주해야 한다. 이 사실을 받아들이면, 자신이 인간의 몸을 비인간 기계로 보는 견해에 바탕을 둔 체제에 알게 모르게 동참하고 있음을 깨달으면 어떤 기분이 드는가? 과로문화가 우리의 영적, 정신적, 육체적 건강에 어떤 영향을 주고 있는가? 인간으로서 자기 몸이 자본주의와 장애차별주의 문화에서는 그저 수익을 창출하는 도구로 여겨진다는 사실을 알면 어떤 기분이 드는가? 자신과 타인의 몸을 신성한 거처이자 해방과 기적의 장으로 보지 않는다면 지배적이고 억압적인 문화에 굴복하는 것이다.

우리는 피로 상태가 정상적이지 않고 용납 가능하지도 않은, 기적이자 숭배의 장소로 몸을 바라보아야 한다. 우리가 몸을 갖고, 생명을 부여받고, 호흡하고, 결정하고, 내 몸은 내 것이라 선언하도록 축복받은 존재임을 아는 휴식의 미덕은 깊은 돌봄의 실천이기도 하다. 혁명의, 급진적 운동의, 저항의 시작이다.

『휴식은 저항이다』는 위의 네 교리를 포함한 낮잠사역단의 기원에 관한 선언문이다. 이 책의 이후는 다음의 네 가지 행동을 촉구하는 장으로 이어진다.

쉬자!

꿈꾸자!

저항하자!

들어가며

상상하자!

이는 내가 신학, 행동주의, 행위 예술 분야에서 쌓은 깊은 경험을 담아 구성하고 역사로 풀어낸, 나의 조상, 나의 뮤즈, 나의 가족, 나의 공동체, 낮잠사역단 창립에 영감을 준 모든 사람의 이야기다. 조상들의 다정함과 힘에 기대어 삶을 구하려는 노력에서 이 사역이 시작되었음을 기록한 것이다. 절대로 플랜테이션 농장 노예로는 살지 않겠다고 결심한 미국의 도망노예들maroon, 할머니의 텃밭, 어머니의 그림, 대대로 내려오는 지혜, 집안의 미용사들, 한데 쌓아 올린 죽은 자들의 제단, 가족 모임 티셔츠, 미술관 밖의 예술, 작가 그웬돌린 브룩스, 오드리 로드, 벨 훅스, 옥타비아 버틀러, 신학자 제임스 콘, 소파에 앉아 눈을 쉬던 할머니 오라, 흑인 여성들, 시위대, 흑인 교회, 흑인 치유 음악, 흑인여성주의Womanism, 아버지 그리고 이름 모를 내 조상들로부터 받은 영감의 결과물이다. 다정함이자 뒤섞기이다. 휴식은 기적이다.

아래의 인용문은 온오프라인에서 열린 집단 낮잠 체험Collective Napping Experiences 참석자 수천 명의 지친 몸 위로 흘려보냈던 주문이다. 휴식의 관문을 열기 위한 주문이다.

낮잠 사원의 문이 열려 있습니다.
들어오지 않겠습니까?
지친 영혼에 건네는 휴식으로의 초대입니다.
저항입니다.
항거입니다.
충분치 않다는 거짓말에 대한 반론입니다.

우리는 이대로 충분합니다.

우리의 가치가 과로를 강요하는 자본주의와 엮여 있다는 거짓말, 백인우월주의의 거짓말에 대한 반론입니다.

살아 있는 것만으로 충분합니다.

살아주어 고맙습니다.

저항해주어 고맙습니다.

창조해주어 고맙습니다.

꿈꾸어주어 고맙습니다.

쉬어주어 고맙습니다.

낮잠 자는 사이에,

쉬는 중에,

잠자는 사이에,

속도를 줄이는 사이에,

치유가 일어날 수 있다고 우리는 믿습니다.

낮잠이 꿈을, 그리고

발명을,

창조를,

치유를,

상상을 꿈꿀 공간을 마련해준다고 우리는 믿습니다.

이것이 저항의 모습입니다.

함께하지 않겠습니까?

저항입니다.

항거입니다.

들어가며

1부
쉬자!

"눈을 감고 있다고 자는 건 아니란다.
눈을 쉬면서 귀를 기울이는 중이야."
— 나의 할머니, 오라 캐스턴

나의 조상들, 대대로 내려오는 지혜,
흑인 해방 이론에 영감을 받아.

지금 바로 휴식을 취하기를 요청한다!

당신이 내면의 창의성에 단단히 발 딛고 서기를 바란다.

공동체 돌봄의 미덕과 힘에 의지하자.

우리의 공상에 뿌리내리자.

새로운 길을 닦고, 쉬고, 인도할 수 있다.

체제가 뭐라 하든 해방과 돌봄을 중심에 둘 수 있다.

휴식은 관문이다.

침묵은 베개이다.

지금 나와 함께 침묵에 잠기자.

깊이 숨을 들이마시자.

4초 동안 그대로 있자.

휴식 중에는 떠오르는 수치심을 내려놓자.

그것은 당신의 것이 아니니.

언젠가 인터뷰 중에 미국에서 흑인 여자아이로 자란 나를 휴식으로 인도해준 이가 누구냐는 질문을 받은 적이 있다. 인터뷰어는 호기심 어린 표정을 띠고 내게 몸을 기울이며 물었다. "쉬어야 한다는 걸 누가 알려주셨나요?" 너무 놀랐고 곤란했다. 지극히 단순하면서도 30분짜리 대화에는 담기 어려운 여러 층위를 건드리는 질문이었기 때문이다. 의식적으로

1부 쉬자!

내게 쉬는 법을 일러주거나 조언해준 사람은 아무도 없었다. 내 삶에 연관된 사람들은 인종차별적인 문화를 헤치며 살아남기 위해 죽도록 혹사당하는 와중에 휴식의 장을 찾아냈다. 탈진과 꾸준한 번영 사이를 오갔다. 신념 하나로 산을 옮겼고 내가 아직도 알아가는 중인 발명의 길을 만들어나갔다. 자신을 환영하지도, 돌보지도 않는 세상 속에 존재함으로써 매 순간 저항했다.

나는 자랑스러운 중서부 출신이다. 시카고와 주변의 남부 교외. 건장한 어깨들의 도시.* 바람의 도시. 제철소와 블루칼라의 혈기. 자동차 공장들. 호숫가. 마천루, 시멘트, 눈. 흑인 대이동기에 짐 크로 법이 지배하는 남부에서 달아나 기쁨과 자유의 공간을 일군 흑인들부터, 남부에 남아 공동체와 영이 중심이 되는 삶을 길러내고 쌓고 꾸리려 애쓴 사람들까지. 나를 키우고 지지해준 이들은 농부, 청소부, 일꾼, 공장 노동자, 하청업자였다. 월요일부터 토요일 내내 해가 떠서 질 때까지 일하면서도 일요일은 하느님을 찬양하고 영광을 돌리는 날로 지킬 줄 알았던 사람들.

우리 부모님은 1950년대에 태어나 민권 운동을 눈앞에서 보며 자란 두 아프리카계 미국인이다. 시카고의 흑인 분리 지역에 살았던 이들은 통합 고등학교에 다니며 '살아남아 성공한 인생에 다다르려면 백인보다 열 배 더 노력해야 한다'라는 주문을 믿고 실천했다.

내 아버지 윌리 허시는 유니언 퍼시픽 철도의 정규직 조차

---

* City of Big Shoulders. 칼 샌드버그의 시 「시카고(Chicago)」 속 표현으로, 상인과 노동자가 만들어낸 대도시라는 의미를 담고 있다.

계장으로 근무했고, 이후 말의 힘으로 귀신을 몰아내고 몸을 포함한 삶의 전 영역에 성령을 모신다고 믿는 오순절파 흑인 신자 집단인 로빈스하나님의교회Robbins Church of God in Christ 의 부목사로서 두 번째 정규직 노동을 했다. C.O.G.I.C.라고 도 하는 하나님의교회는 오순절-성결운동 전통을 따르는 기독교 단체로, 흑인 저항의 등대이다. 전 세계에 신도를 6백만 명 이상 거느린 매우 큰 오순절 교회이다. 1907년 찰스 H. 메이슨 감독Bishop이 설립했으며, 흑인이 주를 이룬다.

나는 태어나서 스무 살 때까지 우리 가족이 다니는 교회에 꾸준히 출석했는데 거기서 백인과 마주친 적은 한 번도 없었다. 교회를 세운 대지 전체, 교회 건물, 버스, 교회에서 쓰는 인쇄기까지도 모두 내가 알고 사랑하는 흑인들의 것이었다. 나는 흑인의 자율성과 지도로 돌아가는 이 환대의 공간에서 내가 지금 이대로도 충분하다는 사실을 깨달아갔다. 바깥세상은 흑인인 나를 범죄자 취급하려 들어도, 그 공간은 내부에서 나를 붙들어주었다. 성령이 임하는 날에는 성스러운 목소리와 탬버린을 든 손이 성령이 임재하도록 이끄는 가운데, 몇 시간 동안 함께한 성도들 앞에서 흰 천을 덮고 바닥에 누워 있던 검은 몸들이 방언을 터트리던 곳. 어떤 기도라도 마음껏 내놓고 응답받던 치유의 관문. 오직 우리를 위해 만들어진 신성한 장에서 자유를 시험하던 순간.

흑인 교회와 그 내부의 많은 계시 및 모순은 나와 이 사역에 다정함과 연결감을 전해준다. 사역의 뮤즈인 부모님과 오라 할머니는 흑인 교회의 가르침에 깊이 영향받았다. 어머니는 나를 품은 채 교회에 있었을 때 진통을 느꼈는데, 곧장 병원으로 가지 않고 주일학교를 섬겼다. 어머니는 이렇게 말했

1부 쉬자!

다. "진통이 몇 시간이나 이어질 텐데 주일학교에서 출산에 필요한 힘을 얻는 게 낫겠다 싶었지." 그래서 전혀 서두르지 않고 세 시간 더 있다가 병원으로 갔고, 자신의 급진적인 신앙과 하느님과의 연결감으로부터 큰 힘을 얻었다. 나는 태어나자마자 빨간 벨벳 천으로 덮인 예배석들이 있고 언제나 버터 과자 냄새가 나던 조그만 우리 교회 건물로 되돌아갔다.

미지의 영역으로 뛰어드는 것을 익숙한 리듬에 맞춰 춤추는 일이나 마찬가지로 여길 만큼 신앙심 깊은 이 흑인 급진주의자 공동체에서 자라면서, 나는 일요일은 물론이고 주중에도 세 번씩 교회에 나가 예배를 드렸다. 모든 일이 교회를 중심으로 돌아갈 정도로 우리 삶의 전부였기에 부모님, 특히 아버지에게 일요일은 휴식의 날이 아니었다. 주님을 위해 쉼 없이 일하는 날이었다. 아버지는 산 같은 남자였다. 키가 약 198센티에 몸무게가 135킬로가 넘어 누구든 안기면 폭 파묻힐 정도로 덩치가 컸기에 곰 또는 거물Big Guy로 통했다. 흑인 전사, 설교자, 부목사, 지역 사회 조직가이자 30년간 철도 회사에서 일한 블루칼라. 양육자, 몽상가, 저항자. 아버지는 사랑하는 이들은 물론이고 원하는 이는 누구든 따뜻이 안아주며 아낌없이 사랑했다. 많은 이의 친구가 되어준 영의 양육자였다.

아버지는 항상 내게 탈식민화의 길을 일러주었다. 정치와 흑인 해방에 관심이 많아 흑인 전사로 여겨졌던 아버지는 내가 아주 어릴 적부터 정부는 오로지 돈만 쫓는다고 가르쳤다. 여덟 살 때는 자본주의와 백인우월주의가 얼마나 사악하게 작동하는지 알려주었다. 이런 가르침에는 언제나 내가 누구인지 기억하라는 당부가 뒤따랐다. 자주 "너는 하느님이 거룩하게 지명해 이 땅에 보낸 아이란다"라고 들려주었다. 노동자로 살아온 아버지의 내면에는 상상력과 창조성을 지닌 남자가 들었지만, 그 남자는 우리가 기계처럼 일하기를 바라는 과로문화에 짓밟혀 있었다. 그래도 내면의 그 존재는 자그마한 형태로 고개를 내밀었다. 교회 지휘자였던 아버지는 항상 춤추고 노래했다. 그리고 카메라 뒤에서 우리의 진실을 전하는 이야기를 만들어내는 영화감독이 되기를 꿈꾸었다.

하지만 하루 24시간 내내 쫓기며 살았기 때문에 꿈을 꿀 시간은 별로 없었다. 기도, 가족의 응급 상황, 병원 방문, 교회에서 꾸리는 성경 공부 수업과 공동체 사역 등. 사방에서 도움 요청이 쏟아졌다. 나는 아버지가 한밤중에 어머니와 함께 누워 있던 푹신한 침대에서 벌떡 일어나 성도의 전화를 받는 모습을 자주 보았다. 하느님께, 흑인에게 품은 사랑으로 인해 아버지는 이런 요청을 더 잔뜩 받곤 했다. 아버지는 공간을 형성하는 데 능했다. 이런 사역과 공동체를, 하느님을, 교회를 사랑했다. 이를 사명으로 여긴 아버지는 사역과 가족과 주업인 철도 일에 자신의 기력을 남김없이 쏟아부었다. 일하는 중이 아니거나 다른 사람 또는 공동체와 관련된 일에 참여하고 있지 않은 아버지의 모습은 전혀 기억나지 않는다.

아버지는 매일 아침 4시에 일어났다. 몸을 일으켜 주방 탁자 앞에 앉아서는 신문을 읽고 성경 공부를 하고 조용히 기도를 드렸다. 출근 시각인 6시가 되기까지 거의 두 시간을 그렇게 보냈다. 한번은 내가 "출근도 멀었는데 왜 그렇게 일찍 일어나세요?"라고 물으니 "바쁜 일상에 쫓기기 전에 잠

1부 쉬자!

시나마 나만의 시간을 갖고 싶어서란다"라고 답해주었다. 인간으로 존재하고 창조주와 연결되기 위해 자기 몸 안으로 침잠하는 순간. 차량을 정비하러 철도로 출근하기 전, 그저 있는 그대로 존재하는 순간. 아버지는 노력 끝에 차량 기지 전체를 감독하는 자리에 올랐다. 수십 년 동안 관리직 중 유일한 흑인으로 일하면서 끈질긴 인종차별은 물론이고 매일 은근한 괴롭힘에 시달렸다. 자식에게는 그 상처를 숨기려고 했지만, 나는 아버지가 어머니에게 상황이 얼마나 심각한지 털어놓는 이야기를 우연히 듣곤 했다. "내 면전이나 뒤에서 깜둥이라고 부르곤 해. 너무 괴로워." 수십 년간 아버지는 부목사로, 성가대 지휘자로, 공동체 조직가로 그 많은 역할을 담당하면서도 계속 초과 근무를 하고 결근 한 번 하지 않으며 자신을 증명하려고 노력했다. 우리에게 사랑이 가득한 안정적인 가정을 만들어주려고 어떻게든 시간을 쪼개 안간힘을 썼지만, 노동을 통해 인간으로서의 가치를 증명해야 하는 체제 속에서 산다는 것은 만만치 않은 일이다.

아버지는 공동체와 하느님을 향한 사랑으로 헤쳐나갔지만, 이런 열정의 이면에는 과로, 탈진, 건강 소홀이라는 어두움이 존재했다. 심각하게 아픈 와중에도 아버지는 남에게 모든 것을 내어주었다. 실제로 수면 부족 및 스트레스는 만성 질환 발병과 연관되어 있다. 아버지는 젊은 나이에 당뇨병, 비만, 고혈압, 심장 질환, 수면 무호흡증 등 심각한 질병을 얻었다. 내면화된 과로문화가 아버지를 쉰다섯이라는 이른 나이에 죽음으로 이끌었다. 75퍼센트까지 막힌 동맥을 복구하기 위한 세 차례 수술도 당당히 이겨냈건만 당뇨병 때문에 회복 과정이 뒤엉켰고, 돌봄과 경계의 부족, 기대 등에서

오는 온갖 스트레스에 시달리다가 결국 쓰러지고 말았다.

아버지의 임종을 지키던 때가 기억난다. 그 모든 과정에 우리 공동체가 함께해주었다. 아버지가 병원에서, 또 집에서 회복하는 동안 우리 가족과 수많은 교회 성도가 각자 필요한 역할을 도맡으며 아버지를 돌보았다. 어머니에게 음식을 가져다주고, 심부름하러 달려가고, 침대 옆에 앉아서 아버지와 대화하고, 오렌지를 가져다주고, 델리 샌드위치라든지 하여간 아버지가 좋아할 만한 것은 무엇이든 몰래 들여보내주는 사람이 족히 수백 명은 되었다. 물질적인 것만이 아니라 기도, 포옹, 성경 낭독, 안수도 잇따랐다. 강렬한 영적 기운이 주위를 감돌았다. 집 안에서, 또 내 마음에서 말 그대로 하느님의 임재가 느껴졌다. 아버지는 몇 주에 걸쳐 점점 쇠약해졌고, 아물지 않고 남아 있던 봉합 부위에서 염증이 발생한 사실이 뒤늦게 밝혀졌다. 염증이 혈액으로 퍼진 탓에 아버지는 모두가 지켜보는 가운데 다시 입원했다. 나는 목사님, 집사님, 기도의 용사로 활동하는 선교사님 들이 아버지를 위해 만 개의 태양이 타오르듯 열렬히 기도하는 모습을 지켜보았다. 공동체 전체가 들썩이는 바람에 매일 병실과 복도가 꽉 차서 병원 측에서 문병 일정을 짜라고 요청하기도 했다. 그렇게 몇 주가 지난 뒤 아버지는 평온하게 세상을 떠났다.

중환자실 간호사들은 정말 친절했다. 초록색 수술복 차림으로 지상을 날아다니는 천사였다. 고급 백화점의 도자기를 다루듯 조심스레 주위를 오가며, 아버지의 몸을 어루만지며 몇 시간씩 서성이는 우리를 가만히 내버려두었다. 나는 서슴없이 아버지의 얼굴에 키스하고 아직 온기가 있는 손을 붙잡고 머리카락을 쓸어 넘겼다. 양손을 목에 둘러 깍지 껴서 꼭 끌어안고 싶었다. 어머니는 혼란에 빠진 채 멍하니 낮은 의자에 앉아 있었다. 40년 동안 사랑한 남자가 하얗고 두툼한 시트를 목까지 덮은 채 누워 있었다. 어머니는 시트를 살짝 걷어 아버지의 오른발을 천천히 문질렀다. 그 손길은 곧 애정을 담아 죽은 사람을 깨우기를 염원하는 부드러운 마사지로 변했다. 어머니는 다정하게 속삭였다. "윌리, 제발 우릴 떠나지 말아요." 하지만 아버지는 이미 떠났고, 캐미 언니, 어머니, 나, 우리 세 여자는 산 같은 이 남자 곁에 서서 울며 키스했다.

중환자실을 나온 기억은 나지 않지만, 어느 순간 고개를 들어보니 나는 크고 두꺼운 중환자실 철문 근처의 작은 대기실에 있었다. 50명 정도가 앞에 서 있었다. 다 아는 얼굴이다 싶었는데 금세 눈앞이 아득해졌다. 모두 충격에 휩싸여 울고 있었다. 마지막까지 함께한 역전의 용사들. 무릎이 풀리는 느낌이 들었다. 머리가 핑핑 돌았다. 정신을 잃을 것만 같았다. 차라리 기절했으면 좋았을 텐데. 나는 복도에 세워져 있던 휠체어 모서리에 머리를 부딪치고 싶다고, 그래서 피 흘리며 죽어버렸으면 좋겠다고 생각했다. 아버지를 따라가고 싶었다. 너무 슬퍼서 견디기 힘들었다. 몇 분이 지나 현실로 돌아오자 좋아하는 랜스 삼촌이 바로 내 허리를 받쳐서 조심스레 바닥에 앉혔다. 삼촌은 베이지색 벽에 내 등을 기대게 하더니 이렇게 말했다. "괜찮다, 우리 조카. 다 괜찮아질 거다. 삼촌이 옆에 있잖니." 그리고 옆에 앉아 가만히 손을 잡아주었다.

과로문화가 아버지를 죽였고 우리 몸과 마음도 죽이고 있다. 수면 부족은 공중 보건 문제이자 급진적 정의의 문제이다. 미국의 흑인과 백인 사이의 수면 격차를 드러내는 연구 성과가 많다.

"이 기간에 흑인 응답자는 대조군인 백인 응답자에 비해 [수면 시간이] '아주 짧다', 또는 '짧다'라고 응답할 가능성이 꾸준히 더 높게 나타났다."[2] 과로문화에서 살아온 아버지에게는 숙면을 할 필요가 우선순위에 들지 않았고 나는 이런 현실이 빚어낸 결과를 두 눈으로 똑똑히 지켜보았다.

"쉬어야 한다는 걸 누가 알려주셨나요?" 이 질문을 받았을 때 나는 몇 분이 지나도록 인터뷰어를 빤히 바라볼 뿐 속시원한 대답을 내놓을 수 없었다. 어쩌면 그래서 지금 내가 휴식에 대해 이런 호기심을 품고 있는지도 모른다. 자본주의 체제 속에서 살아가는 사람 대부분에게 휴식으로 향하는 탄탄대로가 열린 적은 한 번도 없다. 해방을 쟁취할 청사진이나 정해진 틀은 존재하지 않는다. 우리는 돌파구를 찾기 위해 쉰다. 거부. 제3의 공간 만들기. 탈주.

나는 휴식의 메시지를 처음 접한 이들에게서 계속 이런 말을 들었다. "쉬고 싶지만 낮잠 자는 법도 모르는걸요. 불가능한 일처럼 느껴져요." 지난 6년 동안 수천 명이 마치 주문을 외듯 내게 했던 말이다. 하나의 문화 속에서 살아가는 우리 모두가 휴식이 무엇이며 무엇일 수 있는지 뚜렷이 알지 못한다는 분명한 증거이다. 이런 한계와 혼란은 우리 안에 새롭게 주입된 것이다. 태어날 때부터 이미 우리는 쉬는 법과 몸의 요구에 귀 기울이는 법을 안다. 제2의 본능이자 내면의 앎이다. 아기나 어린이는 몸의 신호에 따르며, 그러지 않고서는 살아남지 못한다. 우리는 이 내면의 앎을 단절로 대체하며 점점 빼앗긴다. 혼란에 빠져 정지 버튼 없는 문화에 이리

1부 쉬자!

저리 떠밀려 다닌다. 우리는 수면 부족, 노동자 착취, 피로를 견딜 수 없다. 쉬어야 한다.

휴식이라는 단어를 듣자마자 떠오르는 그것은 사실 휴식이 아니다. 휴식에 관해 우리가 믿고 있는 것은 다 거짓이다. 이 사역을 이끌어오면서 나는 늘 이 말을 제일 먼저 꺼냈다. 우리는 과로문화의 거짓말과 사회화에서 벗어나려 끊임없이 애쓰는 중이므로 휴식이 무엇이며 삶에서 무엇이 될 수 있는지에 관한 믿음을 의식적으로 다시 그려내야 한다. 다음과 같은 수많은 질문을 우리 자신에게 던져야 한다. 태어나면서부터 쭉 과로문화의 폭력을 겪고 세뇌당했다면, 나는 휴식이 정말로 어떤 느낌인지 알고 있을까? 자본주의 체제 속에서 사는 내게 쉰다는 것이 어떤 느낌인지 알게 해줄 본보기나 길잡이가 있을까? 휴식 상태가 지속된다는 것은 어떤 느낌일까? 나는 피로를 어떻게 바라보고 있을까? 나는 계속 피로한 상태로 이 세상을 살아가고 있는 걸까? 해로운 체제의 해악을 겪기 전의 나는 어떤 존재였을까? 나는 어떤 존재가 되고 싶은 걸까? 우리는 자신이 어떤 존재이며 어떤 가치를 지녔다고 배웠을까? '사람보다 이윤을' 추구하는 체제의 한계를 뛰어넘을 공간은 어떻게 만들 수 있을까?

휴식을 통해 내 삶을 구하고자 하는 의지는 흑인여성주의에 관한 깊은 관심과 공부에서 비롯했다. 나는 대학원에서 흑인여성주의를 배웠다. 이제는 내가 거의 평생토록 흑인여성주의자였음을 안다. 어린 시절 공립 학교에서, 청년 시절 대학에서 배운 백인여성주의White Feminism는 늘 어딘가 비어 있거나 정직하지 못하다는 느낌이 들었다. 중학생 때 역사 선생님에게 1920년대에 여성이 투표권을 갖게 되었다는데 거기에 흑인 여성도 포함되었냐고 물었던 적을 기억한다. 선생님은 그 건은 나중에 다시 다루겠다는 말로 넘겼지만, 그런 일은 일어나지 않았다. 존재를 부정당하는 이는 결코 대답을 들을 수 없다. 흑인여성주의라는 용어는 1983년에 앨리스 워커가 만든 것이다. 워커는 저서『어머니의 정원을 찾아서In Search of Our Mothers' Gardens』에 흑인여성주의자란 "누군가에게 '좋은' 사람이 되는 것보다는 더 많이, 더 깊이 알기를 원하는 사람. 남성이든 여성이든 상관없이 모두를 살리려고, 온전히 지키려고 헌신하는 사람"이라고 정의한다.[3] 나는 변화를 총체적으로 바라보는 데 흑인여성주의의 묘미가 있다고 생각한다. 흑인여성주의는 흑인 여성이 공유하는 가족과 공동체를 향한 깊은 헌신을 중심에 둔다. 백인여성주의와 달리 인종, 계급, 성별을 함께 고려하며, 가족과 공동체는 해방을 향한 투쟁에서 흑인 여성의 협력자라고 본다. 균형과 유연성을 추구한다. 흑인여성주의는 내가 휴식을 해방의 도구로 보게 해주었다. 자본주의, 백인우월주의, 가부장제가 짓밟아온 모든 것을 되살리고자 하는 전 세계적 운동. 인종차별, 빈곤, 성차별 때문에 소진된 내 삶을 구하는 일은 인종을 불문하고 이러한 체제를 해체하는 과정을 모든 이가 시작할 공간을 마련해주는 것이기도 하다. 흑인여성주의는 흑인해방이 모든 인류를 위한 치유제라고 보는 나의 관점에 큰 영향을 미쳤다. 나는 흑인여성주의자이기 때문에 휴식을 영적 수행으로 본다.

흑인여성주의를 공부하고 실천하면서 나는 충분히 휴식하는 미래는 어떤 모습일지 더욱 궁금해졌다. 내가 그려내는 자본주의와 억압이 없는 세계의 모습이 이생에서 내가 한번

67

1부 쉬자!

도 겪어보지 못한 것에 바탕을 두고 있다는 사실을 안다. 이것은 꿈의 작업이자 연금술이다. 개인적으로 나는 우리 앞의 현실을 명확히 인식하는 동시에 전환의 과정을 충분히 이해하고자 애쓴다. 늘 이 점을 숙고한다. "모두가 충분히 쉬는 세상에는 무엇이 담겨 있을까? 그 구성 요소는 무엇일까? 과로문화에서 모든 사람이 벗어날 수 있을까? 우리는 그 먼지 덩어리를 너무 오래 뒤집어쓰고 있었던 탓에 밖으로 나갈 생각조차 못 하게 된 걸까?"

모니카 콜먼의 저서 『길이 없는 곳에서 길을 낸다는 것: 흑인여성주의자 이론Making a Way Out of No Way: A Womanist Theology』에는 휴식 운동에 엄청난 관심이 집중되면서 내가 느꼈지만 제대로 표현하지 못했던 이야기가 담겨 있다.

세상의 모든 악을 극복할 수는 없지만, 포스트모던여성주의 신학은 창조적이고 건설적으로 악에 대응하는 투쟁에 끊임없이 희망을 건다. 때로는 이 세계 속 갈등 때문에 불화가 생긴다. 때로는 해방되지 못하더라도, 생존과 삶의 질은 확보해준다. 모두를 아우르는 건강, 온전함, 통합, 구원은 이 세계에서 결코 완전히 이룰 수 없다. 계속 변화하는 존재인 우리는 끊임없이 악에 흔들리는 한편 그것을 극복할 능력도 갖추고 있다. 포스트모던흑인여성주의 신학에서 구원은 행동이다. 새로운 국면이 도래할 때마다 양 극단의 가능성이 함께 따라온다. 포스트모던흑인여성주의 신학은 선의 실체적 재현을 추구한다. 선은 정의, 평등, 제자로서의 삶, 삶의 질, 수용, 포용이다.[4]

앞으로 나아가고 회복하는 동안에도 악은 언제나 존재하기에 개인적으로 휴식을 통해 자본주의와 백인우월주의에 맞서려는 시도는 달성 불가능해 보인다. 다음은 중요한 질문이다. 우리가 살고 있는 식민주의적 제국이 변함없이 맹위를 떨치며 갈수록 강해지는 상황에서 어떻게 휴식을 감당할 수 있을까? 모니카 콜먼의 글은 해로운 체제의 일부로 사는 우리를 덮고 있던 장막을 벗겨낸다. 우리에게 주입된 악과 학대를 재창조함으로써 치유되고 새로운 삶의 방식을 재구상할 수 있다고 믿는다. 그렇다, 체제가 계속 맹위를 떨치며 파괴하는 와중에 몸과 마음을 학대하는 방식으로 밀어붙여서는 자유의 공간으로 나아갈 수 없다. 쉰다는 것은 더 많이 움직이라는 과로문화의 요구에 대한 창조적 대응이다. 포근한 담요처럼 우리를 감싸주는 휴식, 회복, 부활, 재생의 가능성이다.

불가능한 것을 어떻게 가능한 것으로 만들까? 우리의 꿈의 공간과 인간성이 도난당하는 상황에 어떻게 대응할까? 과로문화가 우리를 다루는 방식에서 비롯하는 슬픔을 어디에 풀어놓을까? 백인우월주의가 영과 우리 사이의 연결성을 해체하는 방식을 어떻게 이해할 수 있을까? 백인우월주의적 사고를 추종하고 드높일 때 발생하는 영적 결핍을 어떻게 설명할 수 있을까? 슬픔을 어떻게 힘으로 전환할 수 있을까? 이런 질문을 품은 채 누워서 쉬어보자. 지금 당장 모든 질문에 대한 완벽한 답을 찾지 않아도 된다. 모든 것을 다 알지 않아도 된다. 모든 것이 다 되지 않아도 된다. 모든 것을 다 하지 않아도 된다. 알지 못하는 것을 위한 공간이 있다. 호기심과 신비를 위한 공간이 있다. 휴식을 통해 질문의 답을 떠

1부 쉬자!

올리게 해주는 공간이 있다.

휴식에 관해 우리가 아는 모든 것은 백인우월주의적, 자본주의적 체제의 세뇌로 오염되었다. 하나의 문화로서 우리는 쉬는 법을 모르고, 과로문화의 독성에 노출된 채 휴식을 이해해왔다. 우리는 휴식이 사치이자 특권이며, 탈진과 수면 부족으로 시달린 후에야 자신에게 허용할 수 있는 특별 조치라고 믿는다. 휴식은 사치가 아니라 생존과 번영의 필수 요소이다. 휴식은 나중에 생각할 문제가 아니라 인간 존재의 기본이다. 휴식은 신성한 권리다. 휴식은 인권이다. 우리는 사랑하고 돌보고 쉬도록 만들어져 세상에 왔다. 체제는 자본주의와 백인우월주의를 통해 천천히 우리를 죽인다. 휴식으로 막아서야 한다. 희망과 마찬가지로 휴식은 우리에게 새로운 가능성을 상상할 공간을 누리게 해주기에 파괴적이다. 우리는 자본주의 체제 속에서 휴식을 재상상해야 한다.

휴식은 얻기 힘든 것이라고 느끼는 사람이 많으며, 우리 문화에는 휴식을 위한 본보기도 없다. 우리는 본보기를 직접 만들고 새로운 존재 방식을 꿈꾸어야 한다. 자신을 위해 휴식을 재상상하는 것이 우리의 사역이다. 신성한 존재인 우리가 지닌 무한한 상상력을 활용해 이 사역에 임하는 것이다. 이 폭력적인 체제 속에서 개인적, 집단적으로 겪어온 겹겹의 트라우마 아래로 내려가기 위해 천천히 시간을 보낸다. 말 그대로, 또 비유적으로, 몸을 누인다.

우리는 왜 쉬지 못하는가

우리는 여전히 자본주의적이고 유행을 타는 소비자중심적인 방식으로 휴식을 취하기에 쉬지 못한다. 자본주의 체제 속에서 훈련받은 방식에 따라서 말이다. 우리의 사역은 단 하루 집을 떠나 근사한 휴양 시설이나 호텔에서 쉬는 행사 같은 것이 아니다. 평생에 걸쳐 참여해야 할, 천천히 풀려나는 작업이다. 체현의 관점에 바탕을 둔 문화적 전환이다. 즉 적극적으로 실행하고 참여하면서 지배적인 문화에 대항해야 한다는 뜻이다. 매일의 삶 속에서 고요하고 시끄럽고, 사소하고 특별하게 휴식의 기회를 포착해 통합해야 한다. 공동체를 구축하기 위해 헌신하면서 최대한 깊이 틈새로 내려가 누구라도 뒤처진 사람이 있으면 끌어안아 돌보아야 한다. 번성하고자 한다면 우리 자신과 서로를 보살피는 일은 사치가 아니라 필수이다. 휴식하기는 나중에 생각할 문제가 아니라 인간으로 존재하기 위한 기본 요소이다.

우리는 크고 작은 휴식의 공간을 마련해야 한다. 당신이 재상상해낸 그 방식이 당신의 매일의 수행이 되기를 바란다. 당신 몸의 전문가는 당신이다. 당신 몸은 당신의 것이며 몸을 쓰는 방법 또한 알고 있다. 체현은 우리 몸에서 매일, 영에서 영원히 일어날 것이다. "혁명은 일시적인 행사가 아니다"라는 오드리 로드의 정신에 따라, 우리는 낮잠을 주제로 한 소셜미디어 챌린지나 흑인 해방과 역사에 초점을 맞춘 집중적 교육 없이 유행 따라 벌이는 일회성 행사를 의식적으로 피한다. 우리는 식민화와 세뇌를 벗어난다는 것이 진정 어떤 것인지 가늠하는 잣대를 더욱 세밀히 조정해야 한다. **휴식은 저항이다** 운동의 개념 틀framework에는, 휴식의 목표가 자본주의에 더 많은 성과를 안겨주기 위해 재충전하고 회복하는 데 있다는 해로운 관념에 대한 믿음이 없다. 우리는 자본주의적, 장애차별적, 가부장적 체제가 주입한 생산성을 내면화

1부 쉬자!

했다. 언제나 '생산성' 있는 상태를 유지하려는 욕구와 집착이 우리를 피로와 죄책감과 수치심으로 이끈다. 우리는 자신이 전력을 다하지 않고 있으며 더 많이 일하는 삶으로 인도받아야 한다는 잘못된 믿음을 갖고 있다. 반대 사실을 필요한 만큼 계속 되뇌어야 한다. 생산성 있는 존재가 되기 위해 쉬는 것이 아니다. 그저 우리가 지닌 신성한 권리이기에 쉰다. 그게 전부다! 이렇게 선언하면서 잠시 쉬도록 하자.

우리가 추구하는 휴식은 타고난 신성을 연결하고 되찾는 데 중점을 둔다. 내 컵부터 채워야 다른 사람에게 따라줄 수 있다는 관념은 온당하지 않은 느낌이 든다. 이 관념에는 우리의 일상적 주문이 되어버린 자본주의적 언어가 배어 있다. "잠은 죽어서 자는 것", "일어나 움직이라", "남들이 잘 때 나는 죽도록 일한다", "돈 안 되는 것은 다 헛소리다", "깨어나서 뛰어라" 등등. 컵 비유는 또한 가부장제와 성차별로 인해 노동의 부담을 지는 여성을 겨냥할 때가 많다. 자본주의 체제에서 가장 큰 노동자 집단은 소외 계층, 특히 흑인과 라틴계 여성이다. 역사적으로 우리의 노동은 백인 여성의 삶을 좀 더 여유롭게 만드는 데 쓰였다. 그래서 소셜미디어상이나 웰니스를 내세우는 집단 속에서 "네 컵부터 채우라"라는 말을 마주할 때면 나는 휴식에 대한 우리의 관점이 여전히 과로문화의 거짓말로 채워져 있음을 깨닫는다. 나는 컵을 아주 산산조각 낸 다음, 컵을 채우는 일 대신에 실험과 재건에 중점을 두는 방식으로 쉬고 연결하는 작업을 수행하기를 제안한다. 더는 채우고 싶지 않다. 이제는 분주함을 향한 숭배를 해체할 때다. 한 명씩. 한 마음씩. 한 몸씩.

과로문화를 뒤흔드는 데는 가차 없고 지속적이며 전복적,

의식적인 전 지구적 사고의 전환이 필요하기에 우리의 휴식은 일회성 행사가 아니다. 단 10분만이라도 백인우월주의와 자본주의의 기계에 맞서는 것은 기적이다. 이렇게 생각하면 휴식은 누구나 취할 수 있는 것으로 보인다. 소득이나 신체 능력, 성, 성별, 지리적 위치, 접근성이 어떠하든지. 소비주의나 자본주의, 또는 '바이럴되기'를 원하는 많은 이의 끝없는 야망과는 상관없다. 낮잠사역단과 **휴식은 저항이다**라는 개념 틀은 백인우월주의적, 자본주의적 관점에서 비롯한 웰니스에 관해 우리가 배워온 그 모든 것에 종지부를 찍는다. 우리는 더 이상 현 상황이 지속되기를 원치 않으며, 오로지 그것을 뒤흔들어 우리의 꿈의 공간을 되찾아올 무한한 상상력을 키우는 데 전념한다.

2017년 5월 21일 일요일, 조지아주 애틀랜타. 첫 번째 집단 낮잠 체험은 자연스럽게 시작되었다. 마치 영이 모두를 이끌어 한자리에 불러 모은 듯했다. 이때 나는 대학원 과정이 끝나가고 있어 애틀랜타의 예술계 친구들에게 이후 진로에 관해 이야기하던 참이었다. 병원, 학교, 지역 문화 센터 부설 종교 기관에서 일자리를 찾고 있다고 털어놓았다. 나는 정의를 실현하는 데 알맞은 진로를 찾고 싶었다. 돈이 너무 없는 데다 굴욕적인 구직 면접을 거듭한 탓에 지친 상태였다. 휴식에 관한 작업을 해볼 계획이라는 이야기는 몇 명에게만 들려주었다. 그런데 애틀랜타에서 내가 행사를 열 만한 큰 공간을 가진 찰리라는 여성이 있다는 말이 여기저기서 들려왔다. 나는 이메일을 세 통이나 받을 때까지 연락을 취하지 않다가 결국 전화를 걸어 현장 방문 약속을 잡았다. 대관비를

1부 쉬자!

낼 돈도, 진행을 도울 직원도 없고 잠자기 좋은 아늑한 공간을 꾸미는 데 필요한 재료를 구입할 형편도 안 되는 걸 알면서도, 어쨌거나 일단 가보았다. 도착해서 어느 방에 들어갔다. 바닥에는 부드러운 카펫이 깔려 있고 아늑한 조명, 초대형 방석, 음료 코너도 마련되어 있을 뿐 아니라 부드러운 천을 천정에서부터 드리워놓아 마치 잠자도록 만들어진 마법의 오아시스 같았다. 이미 휴식을 위해 조성된 공간이었다. 자리에 앉아 차를 마시고 공간을 둘러보는 동안 인도_{guidance}와 연결의 감각이 나를 뒤덮었다. 찰리는 그 공간을 낮이든 밤이든 언제든지 써도 되고 비용도 일절 받지 않겠다고 했다. "실험을 위한 공간이에요. 쓰세요"라면서. 그리하여 신학대에서 거의 4년을 보내고 생활비를 충당할 일자리도 없이 구직 중이던 내가 오직 일회성으로 마련한 이 낮잠사역단의 휴식의 방, 치유 및 교육의 장에 40명이나 되는 참가자가 몰렸다. 나는 지원서를 낸 어느 곳에도 채용되지 못했지만, 행사가 끝난 뒤 온전히 이 사역에 뛰어들었다. 마치 조상들이 바람을 일으켜 나의 날개를 밀어 올리고 손을 잡아 휴식을 이 세상에 선물로 건네주기라도 한 듯이, 몸 존중하기와 공동체 돌봄과 조상들을 기리는 작업에 전념하려는 마음이 동시에 일어났다.

이 사역의 핵심 활동은 집단 낮잠 체험에서 시작되었고 앞으로도 계속 그러할 것이다. 함께 휴식하고, 서로에게 공간을 내어주고, 신성한 행위로서 휴식의 관문에 들어설 수 있는 공간을 대면 및 가상으로 제공하는 일이다. 각자가 언제 어디서나 손쉽게 휴식을 취할 수 있는 도구를 확보하게 하는 것이 이 사역의 목표 중 하나이다. 집단 낮잠 체험을 모두 무료로 진행하고 집중 학습과 체험을 병행하는 이유가 바로 여기에 있다. 우리는 접근성을 중시하며 다음의 질문에 응답하고자 한다. 24시간 또는 주말 사이에 집을 비울 형편이 안 되는 사람은 어떻게 하나? 아이를 맡길 데가 없는 사람은? 장애로 인해 집에 묶여 있는 사람은 이동해야 하는 수련회에 어떻게 참여하나? 무리에 섞이고 싶지 않은 내향인은 어떻게 하나? 집으로 돌아간 후에도 계속 휴식하려면 어떻게 해야 하나? 휴식을 위해서는 왜 집과 공동체를 떠나야 한다고 생각하나? 해방에 기반한 개념 틀 없이 단지 편안한 침대와 듣기 좋은 음악을 제공하는 것이 우리의 일인가? 우리가 추구하는 휴식은 왜 언제 어디서나 취할 수 있을 만큼 강력하지 못한가?

나는 이 사역이 우리가 휴식이라면 모름지기 그러할 것이라 생각하는 거짓된 호화로운 방식으로 이루어지지 않으리라 믿는다. 공동체에서 멀리 떨어진 값비싼 호텔이나 휴양 시설에서 진행되지 않을 것이다. 휴식의 메시지가 진정 모두를 위한 것이자 온전한 탈식민화의 순간이 되려면 우리가 속한 공동체, 집, 일터, 종교 기관, 학문 공간에서, 가장 중요하게는 우리의 마음속에서 삶을 변화시키는 것이어야 한다. 나는 문제의 근원을 건드리지 않는 기업화된 웰니스의 메시지에 자꾸 기대어서는 과로문화로부터 절대 자유로워질 수 없다고 믿는다. 우리를 불행unwell하게 만드는 체제를 조명하지 않고서는 정의를 제대로 추구할 수 없다. 공동체 돌봄의 윤리에서 휴식을 강조하는 것은 지배적인 문화를 가로막는 동시에 권력을 원래의 주인인 사람들에게 되돌려주는 일이다. 완료일이 정해져 있지 않은 정신적 전환이 우리가 추구하는

1부 쉬자!

휴식의 첫걸음이다. 과로문화로부터 받은 세뇌의 치유는 영원히 계속될 것이다. 우리는 과로문화의 손아귀에 사로잡혔다 빠져나오는 흐름을 주의 깊게 살펴야 한다. 체제 속으로 다시 끌려 들어가 극도의 생산성에 휘둘리는 자신을 발견하는 날이 있을 것이다. 우선 할 일은 이 문화가 작동하는 속도가 정상적이지도, 지속 가능하지도 않다는 점을 깊이 인식하는 것이다. 이를 인식할 때 정지 버튼 없는 체제를 뒤흔들고 밀어내고자 우리가 추진하는 집단적 순례 여행으로 초대받는다. 여기에 잠시 머무르자. 지치고 쉬고 싶다고 해서 당신이 실패했거나 부적합하거나 가치 없는 존재가 아니라는 사실을 깨닫게 하는 공간에 머무르자. 이 모든 것을 지금 당장 다 알아내려 할 필요도, 당신이 옳다고 느끼지 못하는 방식으로 휴식을 온전히 받아들일 필요도 없다. 과로문화에 대한 이 저항은 당신이 자기 몸으로 직접 일으켜야 한다. 당신의 몸은 당신의 것이다. 그 고유성, 그 몸이 전해야 할 이야기는 당신의 것이다. 하나의 운동으로서 휴식을 취하자는 공동체의 요청은 속도를 줄이고 귀를 기울이며 돌봄을 실천하자는 요청이다. 더 나은 인간이 되고자 하는 공통의 목표를 통해 힘을 얻는 공간이다. 우리는 기계가 아니다. 폭력적인 체제의 욕망을 채우기 위해 이 땅에 존재하는 것이 아니다.

우리가 쉬지 못하는 한 가지 이유는 소셜미디어에 온전히 사로잡혔기 때문이다. 집중력을 흩트리고 중독시키려는 완벽한 계획. 우리의 모든 움직임을 유도하고, 게시, 재게시 retweet, 해시태그로 강박적으로 플랫폼을 성장시키도록 많은 이에게 불필요한 압박을 가하는 알고리즘. 나는 내 소셜미디어 계정 팔로워 수를 전혀 신경 쓰지 않는다. 또한 과로문화에 맞서고 싶은 열망을 품으며 살아가는 이들이 세뇌에서 벗어날 수 있도록 돕는 용도로 소셜미디어를 활용하는 데 우려를 느끼며 주의를 기울이고 있다. 나는 사람들이 알고리즘을 통해 우리의 휴식 사역과 연결되기를 결코 원치 않는다. 영이 그들을 이끌었기에, 그 과정에서 휴식이라는 개념이 주는 안정감과 평화를 누렸기에 연결되기를 바란다.

하나의 문화로서 우리는 하루 중 상당한 시간을 소셜미디어에 쏟아붓는데, 이를 디지털 중독으로 보는 연구가 많다. 《월 스트리트 저널The Wall Street Journal》이 입수한 한 발표문에서 저자들은 이렇게 말한다. "10대 여성 중 32퍼센트가 자기 몸이 마음에 들지 않을 때 인스타그램을 보면 기분이 더 나빠진다고 했다. '중독되었다'고 느낄 때가 많으며, 정신 건강에 좋지 않다는 것을 알면서도 화면에서 쉽사리 눈을 떼지 못한다."[5]

나는 소셜미디어를 멀리하는 디지털 안식 기간을 보내고 돌아오면 머리가 더 맑아지고 덜 불안하며, 매일 화면을 밀어 올리며 지냈을 때는 불가능했던 진취적인 기운이 솟아나는 것을 느낀다. 기술의 힘에서 벗어나 휴식을 취할 때 내 몸은 무한한 생각과 발명을 포착하는 안테나가 된다. 소셜미디어 해독 계획을 세워보면 고요함이 휴식의 한 형태임을 잘 알 수 있다. 휴대전화를 떼어놓을 수 없는 사람이라면 우선 두 시간에서 네 시간 정도 모든 소셜미디어 서비스를 차단하는 작은 시도부터 해보자. 앱을 삭제하거나 다른 방의 서랍 속에 휴대전화를 넣어두면 소셜미디어에서 쏟아져 나오는 목소리와 잡음 없이 자연스러운 리듬을 찾을 기회가 늘어난다. 설령 당신의 타임라인이 즐겁고 생각을 일깨우고 힘을

1부 쉬자!

주는 메시지로 채워져 있다 해도 해독은 필요하고 가치 있
다. 당신의 마음에는 고요함을 위한 공간이 필요하다. 방해
받지 않고 감정을 흘려보낼 수 있는 공간. 당신의 뇌에는 새
로운 회로를 만들고 기억을 보존하고 내려받기 위한 깊고 긴
수면과 휴식과 고요함이 필요하다. 우리의 정신 건강은 눈부
신 컴퓨터 모니터를 멀리하고, 온종일 끝없이 화면을 밀어
올리는 사이에 쏟아지는 수천 명의 생각과 아이디어를 흡수
하지 않고 있을 때 강화된다. 하루 중 몇 시간이라도 휴대전
화나 이메일함을 멀리하는 것이 상상이 되는가? 그런 상상
을 하면 어떤 기분이 드는가? 이 몇 시간이 하루, 일주일, 혹
은 한 달로 늘어난다면 어떨까? 온라인 상태로 보내던 시간
에 무엇을 할까? 이 시간에 당신이 즐길 만한 취미를 찾아볼
수 있을까? 공상, 휴식, 낮잠에 더 많은 시간을 쓰게 될까?
더 일찍 잠자리에 들게 될까? 휴대전화가 옆에 없다고 생각
하면 스트레스를 받는가? 소셜미디어와 휴대전화의 침투력
이 우리의 고요한 시간에 어떤 영향을 끼쳤는가?

나는 인터넷이 지난 25년간 급속히 변화하여 결국 일상생
활의 일부가 되고 말았다는 점에서 비판적이다. 소셜미디어
는 이제 의존의 공간이다. 소셜미디어 사용을 크게 줄이지
않는다면 온전한 휴식 상태에 들어갈 수 없을 것이다. 자동
화, 기술 혁신, 디지털 생활을 더욱 확산하려고만 하는 문화
에서 이는 거칠고 과격한 선언임을 안다. 이제는 메타버스가
현실이 되었다. 이 디지털 세계가 현실화하여 그 안으로 들
어가 머물 수 있기를 간절히 바라는 사람이 수백만 명에 달
한다. 만약 우리가 지금처럼 기존의 해로운 체제로 인해 혼
란하고 지치고 몸에서 유리된 존재disembodied가 되지 않았다

해도, 물리적 세계를 헤집는 이 메타버스가 트라우마를 유발하는 과로문화의 또 다른 폭력적 요소가 되었을 것이다. 우리의 영, 영혼, 마음, 몸에 온전히 집중하는 사람으로서 나는 이미 수면 부족 및 단절 상태로 살아가는 세계에서 메타버스가 어떤 역할을 할지 염려스럽다. 우리의 타고난 내면 깊은 곳의 앎, 직관, 신성한 지혜가 너무나도 많은 방식으로 외면당한다. 늘어나는 가상 경험의 공간에서 매일 시간을 보내다 보면 자본주의와 백인우월주의에 맞설 우리의 능력에 영구적인 손상이 발생할 것이다. 중앙 집중화된 가상 세계에 존재하는 소유권, 인간관계, 오락, 교육의 개념은 우리에게서 진정한 휴식을 앗아가고 자본주의가 마치 도살장에 끌려온 양을 맞이하듯 우리를 환영하는 척 조작할 가능성을 열어준다. 자본주의가 공격적이고 특이한 방식으로 움직이고 있는 지금 우리는 또다시 분열과 조작에 휩쓸리지 않도록 주의 깊게 지켜보아야 한다. 휴식에 관심을 집중해야 한다.

가상 세계에서의 삶을 매력적으로 보는 사람들이 있고, 연결될 수 있는 기회를 생명줄이자 혁명이라고 보는 공동체도 많다. 가상 세계에 접속하면 평소에는 쉽게 이용하거나 접근할 수 없는 공간들이 열린다. 열렬한 지지를 받고 자원을 얻고 동기를 부여받을 수 있다. 이질적인 것들이 절묘한 균형을 이루며 동시에 실재하는 자유로운 공간이다. 하지만 디지털 세계와 소셜미디어는 많은 이에게 연결의 공간이면서 독성, 단절, 피로를 유발하는 공간이기도 하다. 두 속성이 공존할 수 있고 그것이 이상하지 않은 공간이다. 원래 그런 곳이고, 그렇기 때문에 일어나는 미묘한 느낌을 사용자가 그대로 받아들이고 거기에 쏟는 시간과 기력을 과하게 의식하며 살

1부 쉬자!

아가도록 한다. 휴식을 취하고자 한다면 우리는 의식적으로 자주 해독해야 한다. 소셜미디어가 우리 삶에 어떠한 영향력을 발휘하는지 살피지 않고서는 휴식 운동을 단 한 발짝도 전진시킬 수 없을 것이다. 소셜미디어는 자본주의의 확장판이기 때문이다. 소셜미디어는 마케팅 도구이다. 현재 플랫폼을 만드는 개발자와 디자이너는 수십억 달러 규모의 산업을 이끄는 지도자는 아니기에 우리가 [그 안에서] 가족, 친구, 공동체와 관계를 유지할 수 있다. 많은 이가 이런 목적으로 잘 쓰고 있기는 하지만, 자본주의의 목표는 그것이 아니라는 점을 기억하기를 바란다. 목표는 당신이 가능한 한 오래 화면을 밀어 올린 끝에 소비하도록 만드는 것이다. 우리는 하루에 몇 시간씩 접속 상태로 지내며 관심을 빼앗기고 소진되고 있기에 쉬지 못한다. 휴식을 자본주의의 속셈과 계략을 궁극적으로 파괴하는 행위로 보아야 하는 이유가 여기에 있다. 이런 플랫폼에서 탈출하고 의식적으로 해독하는 것에서부터 휴식 수행을 시작해야 한다.

공동체 돌봄의 윤리를 확장하려면 고요할 때와 바쁠 때, 침실에서, 욕실에서, 학교에서, 집 앞에서, 동네에서, 도시에서, 우리의 머릿속에서 언제나 휴식을 취해야 한다. 휴식이라는 아름다운 개입이 지금 당장 일어나야 한다. 이 자본주의 세계를 떠날 완벽한 기회나 완벽하게 마련된 행사, 완벽한 순간을 기다릴 수는 없다. 우리의 휴식이 생성적인 것이 되려면 언제나 반자본주의 의제를 딛고 뛰어올라야 한다. 소셜미디어에 흘러다니는 밈meme들, 사람들을 기만하고 영향력을 모으려고 생각 없이 퍼트리는 인터넷 세계의 엉터리 말들이 불러일으키는 소란에서 벗어나야 한다. 휴식을 취함으로써 우리는 플랜테이션에서 비롯한 체제에, 돈과 근사한 매트리스와 개인주의의 매력이 있어야만 생성적인 휴식을 누릴 수 있다는 핵심적인 믿음에 맞선다. 이런 믿음은 거짓이다. 해방, 자유, 우리에게 필요한 모든 것이 이미 우리 안에 있음을 이해하도록 매일 천천히 벗어나야 한다. 얼마나 버는지, 일하지 않는 시간을 얼마나 확보할 수 있는지, 휴가를 얼마만큼 쓸 수 있는지는 중요치 않다.

중요한 것은 우리가 체제의 승인을 받을 만큼 외적인 조건을 충분히 갖추거나 완벽히 확보할 때까지 기다리지 않고 이 체제를 거부하기로 온 마음과 영혼을 다해 결정했다는 사실이다. 우리 몸과 시간이 우리 것이라고 주장할 능력을 갖추기 위해 과로문화에 참여할 필요는 없다. 흑인은 자본주의의 잔인성에 직접 연결되어 있다. 우리 몸은 미국이 가진 최초의 자본이었고 그로 인해 휴식과 꿈의 공간을 끊임없이 탈취당했다. 휴식을 추구해나가는 여정 속에서 백인우월주의의 유산이란 삶을 전환하도록 이끄는 제안이라고 여겨야 한다. 휴식에 목숨이 달려 있다는 듯이 쉬어야 한다. 실제로 그러하기 때문이다.

낮잠사역단은 제임스 콘의 제안과 그가 창안한 흑인 해방 신학*에 기반을 두고 있다. 흑인에 대한 배상이자 해방의 메

---

* Black Liberation Theology. 흑인 민권 운동 시기에 신학자 제임스 콘에 의해 개념화된 이론으로, 미국 기독교의 주류 신학은 백인 신학자들이 만든 백인 신학일 뿐이라고 간주한다. 제임스 콘은 「출애굽기」속 민족 탈출기를 바탕으로 '해방'을 기독교 신학의 핵심이라 주장했으며, 예수는 억압받는 모든 자를 해방하러 이 세상에 왔다고 보았다.

1부 쉬자!

시지로서의 휴식이라는 메시지는 콘의 이론에 확고히 발 딛
고 있다. 나는 이 사역을 일부러 세속적인 영역에서 추진하
지만, 영감을 주는 그러한 [신학적] 지향에 개인적으로 영향
받지 않을 수 없다. 나는 흑인 종교 사상과 흑인 영성에 깊은
영감을 받고 있다. **휴식은 저항이다**라는 개념 틀은 조상들이
물려준 거부라는 상상적 공간을 활용하면서 소진된 내 삶을
구원하는 과정에서 떠올린 대단히 사적인 것이었다.

　1970년에 출간된 고전『흑인 해방 신학A Black Theology of
Liberation』에서 콘은 흑인 역사에 담긴 미묘한 차이에 관해,
그리고 우리 경험이 우리 존재를 외면하려는 체제를 탐색하
는 데 어떤 도움이 되는지에 관해 이야기한다. 이렇게 우리
존재를 외면하는 태도가 휴식을 취하는 방식에 영향을 준다.

> 흑인 신학에서 흑인이 처한 조건을 거론하면서 백인이 흑
> 인에게 저지른 비인간적인 역사를 외면할 수는 없다. 하지
> 만 백인이 흑인에게 저지른 일이 흑인 역사의 전부가 아니
> 다. 흑인 역사는 백인의 모든 잔혹한 행위에 맞서온 흑인들
> 로 이루어져 있다는 사실이 더 중요하다. 백인이 자기네 역
> 사책에 쓰는 이야기와 달리 흑인의 힘은 새로이 등장한 것
> 이 아니다.[6]

그 힘은 이미 존재했고, 나는 그 힘으로 자본주의를 거부하
고 나의 신성을 훼손하는 모든 것을 거부해왔다. 나는 인간
이 얼마나 탁월하며 어떤 기적을 일으킬 수 있는 존재인지
안다. 우리는 기계가 아니다. 흑인 해방 신학을 깊이 연구하
고 사랑하지 않았다면 나는 이 사역에 임할 수 없었을 것이

다. 흑인 해방 신학은 아주 어릴 때부터 하느님이 피부색이나 경제적 수준이나 능력과는 상관없이 나를 돌보신다고 가르쳐주었다. 어린 시절 흑인 교회에서 흑인인 나의 몸에는 범죄자가 아닌 하느님의 형상이 깊이 반영되어 있다고 배웠다. 아버지를 비롯해 여러 흑인 목회자가 설교대에 서서 외치던 흑인 해방의 메시지를 들으며 자아를 형성했고, 백인우월주의와 자본주의는 나를 강탈할 자격이 없는 악한 세력임을 알게 되었다. 하느님은 억압받는 자의 편이며 이와 다른 내용을 전하는 신학은 진정한 기독교가 아니라고 배웠다. 흑인 해방의 관점으로 성경을 읽으면 문이 열리고 내면 깊은 곳에서 솟아오른 나의 자존감을 가리던 장막이 걷힌다. 내가 이토록 급진적인 신념을, 타고난 소명에 대한 뿌리 깊은 믿음을 가진 이유가 여기에 있다. 나는 그저 폭력적인 체제 속에서 자신을 혹사하기 위해 태어나지 않았음을 안다. 더는 할 일 목록을 처리하지 않아도 여전히 가치 있으며 하느님과 조상들의 사랑을 받는 존재임을 안다. 흑인 해방 신학은 이 진리를 알려주었고, 나의 손과 마음속에서 여전히 타오르는 불꽃으로 남아 앞이 캄캄할 때 길을 밝혀주고 있다. 이러한 근본적인 이해가 있었기에 낮잠사역단의 사역이 일어났다. 나를 포함해 온 인간의 신성을 가로막고 끌어내리는 모든 해로운 체제가 해체되는 것을 보고자 헌신하는 이유는 휴식과 속도 줄이기를 통해 과로문화의 폐단을 확인했기 때문이다. 우리는 다 함께 쉬고 치유하고 저항해야 한다.

낮잠의 주교Nap Bishop가 된 후로 나는 내내 이 질문에 답하며 지냈다. "낮잠사역단은 흑인만을 위한 운동인가요?" 이 질문은 다음의 진실을 받아들이기를 거부하는 백인우월

1부 쉬자!

주의적 사고에서 비롯한 것이다. 흑인 해방은 전 인류를 위한 치료제이며 이 메시지는 백인우월주의와 자본주의적 방식에 의해 고통받는 모든 이를 위한 것이라는 사실 말이다. 지구상에 사는 모든 사람, 나아가 지구 자체도 실제로 이 두 체제에 인해 고통받고 있다. 고통은 집단에 따라, 각각의 역사에 따라 다르게 나타난다. 백인은 백인우월주의를 통해 인간성을 저버렸다. 그들은 영적으로 결핍되었으며 자신이 다른 신성한 인간들보다 우월하다는 생각에 빠져 분별력을 잃었다. 이들의 몸과 마음에는 테러, 폭력, 노예화의 계보가 깃들어 있다.

만약 과로문화의 손아귀에서 해방된 사람이 오로지 나 하나뿐인 세상에 산다면 뭐가 좋겠는가? 나는 공포와 위기의 공간에 아직 묶여 있거나 거기서 빠져나오는 사람들과 계속 교류하고 협력해야 할 것이다. 내가 누리는 과로문화로부터의 자유는 주변 모든 이의 치유 및 해방과 밀접히 연결되어 있다. 공동체 돌봄과 집단 전체의 해방은 정의를 추구하는 모든 사역의 궁극적인 목표이다. 이를 이루지 못한다면 우리는 해로운 개인주의의 거짓말에 휘둘리기 쉬운 존재로 머물러 있게 될 것이기 때문이다. 수 세기에 걸쳐 정의를 추구하는 지도자들이 꼭대기에 서서 외쳐왔지만, 지치고 세뇌당한 마음에 깃든 해로운 개인주의가 생명을 선사하는 이러한 지혜를 계속 가로막고 있다.

한 지역에 살고 같은 사무실에서 일하고 학교와 거리에서, 여행길에서 교류하는 우리는 모두 다 연결되어 있다. 흑인 해방의 관점에서 탄생하여 흑인성blackness을 중심에 둔 정의 추구 활동이 흑인만을 위한 것이라는 경직된 사고는 편협하고 잘못된 것이다. 흑인 해방은 자본주의와 백인우월주의의 거짓말에 휘둘린 세계 전체를 위한 전 지구적 전환이다. 한 사람의 행위와 경험이 주변 모두에게 영향을 미치지 않는다는 믿음은 미신이자 미국인이 심각하게 앓고 있는 질병이다. 주위 사람들이 쉴 공간을 마련하면서 정작 자신은 쉬지 않는다면 우리가 벗어나고자 하는 체제와 똑같이 기능하는 것이다. 끊임없이 업무의 경계를 무시하고 안식 기간이라 밝혀둔 시기에도 일하기를 요청하거나 무급 노동을 요구하는 기업, 기관, 개인과 협업하는 나는 매일 이 문제와 싸우며 해법을 고민하고 있다. 선량한 마음으로 이 사역에 관심을 품고 우리와 협업하면서도, 공격적으로 다그치고 세세하게 간섭하는 이가 놀랍도록 많다. 과로문화는 기업과 학계를 통해 우리에게 강요되고 강화되어온 학습 과정이기에 언제나 [우리 곁에] 존재한다. 오로지 자기만 생각하고 혼자서 해낼 수 있다고 믿는 식으로 움직일 때 해악을 유발하고 피로를 가중하는 틀을 만들게 된다.

자유 투쟁가이자 민권 운동의 상징인 패니 루 해머와 마틴 루서 킹 주니어 모두 이러한 상호 연결성 개념을 조직화의 핵심 원칙으로 삼았다. 둘이 내놓은 "우리 모두 자유로워지기 전까지는 누구도 자유롭지 않다"와 "모든 사람이 자유로워지기 전까지는 누구도 자유롭지 않다"라는 문구에는 동일한 힘과 진실이 담겨 있다. 흑인 자유 투쟁가들은 정의의 실천으로서 애정이 깃든 공동체를 형성한다는 것이 어떤 일인지 아주 잘 알았다. 벨 훅스는 고전이 된 저서『올 어바웃 러브All About Love』의 8장「공동체: 교감하는 사랑Community: Loving Communion」에서 마틴 루서 킹 주니어의 말을 되새긴다.

1부 쉬자!

빈부 격차를 해소할 필요성을 서술하면서 마틴 루서 킹 주니어는 이렇게 주장했다. "모든 남성(과 여성)은 벗어날 수 없는 상호성의 망에, 운명이라는 옷 한 벌에 묶여 있는 존재다. 무엇이든 한 사람에게 직접적으로 영향을 미치는 일은 간접적으로 모두에게 영향을 미친다." 이 격차는 자원을 공유함으로써 해소된다. 매일, 부자는 아니라도 물질적 특권을 지닌 사람이 다른 사람과 나누기를 선택한다. 서로 주고받는 과정에서 공동체가 강화된다.[7]

상호적이며 집단적인 휴식은 맞서고 개입하고 치유한다. 우리가 마음 깊은 곳을 탐험하는 작업과 동시에 진행하는 집단적 휴식을 통해 자본주의, 백인우월주의, 인종차별주의, 동성애 혐오, 장애차별주의, 가부장제를 해체하는 과정이 시작된다.

　백인우월주의와 자본주의를 뒤흔들고 밀어내는 작업은 지구상의 모든 사람이 해야 할 일이기는 하지만, 저항의 한 형태로서 휴식을 실험하는 내 작업의 근간이자 기준점은 흑인성과 흑인이다. 이들은 심오한 영적, 형이상학적 방식으로 내게 휴식과 거부의 길을 제시해준 존재다. 흑인성 없이는 **휴식은 저항이다** 운동도 없다. 우리가 내놓는 휴식의 메시지를 만들고 확장하려는 사람은 누구나 틈새를 깊이 파고들어 흑인 해방을 연구하고 추진해야 한다. 이것이 소진된 세계에서 벗어나는 출발점이다. 우리의 작업과 흑인의 학문적 성과를 인정하지 않고 휴식의 메시지만 차용해가는 사람은 과로 문화의 손아귀에 깊이 붙들려 휴식을 구현하기 불가능해질 것이다. 그런 이들은 자본주의와 백인우월주의 사고의 대리

인으로 세심하게 비판받아야 한다.

우리는 위기에 처했다. 이 휴식 운동은 귀엽고 가벼운 발상이 아니라 대단히 폭력적인 체제에 맞서는 의식적인 대항 행위이다. 생명을 구하고 몸과 마음을 되살리는 잠재력이 그 안에 있다. 만만치 않은 치유 작업이다. 보드라운 포장에 담겨 있으면서도 권력에 맞서 "우리는 쉴 것이다"라고 고요히, 또 큰 소리로 선언할 만큼 대담한 저항이다.

또한 분노에 관한 작업이기도 하다. 체제가 내 몸에, 조상들의 몸에, 가족과 문화 전체에 저지른 짓에 대한 나의 온화한 분노이다. 드러나지 못하고 숨겨진 조상들의 분노에서 비롯한 온화한 분노이다. 과로문화와 그것이 내 몸에 저지른 짓을 생각하면 나의 저항은 한층 깊어진다. 우리 몸이 우리 것이 아니라 지배와 부를 추구하는 체제의 것이라는 과로문화의 조작, 사기, 주장을 살펴보노라면 분노와 슬픔이 솟구친다. 집단적 휴식은 단지 개개인의 삶을 바꿀 뿐 아니라 문화의 패러다임 전체를 전환한다. 휴식으로 자본주의와 백인 우월주의를 파괴하는 작업은 장막을 걷어내고 그 뒤에 숨겨진 것을 찾아내어 휴식, 노동, 수면, 여가, 돌봄에 관해 우리가 접해온 모든 것이 거짓임을 확인하는 일이다.

어린 시절 나는 학교, 일터, 교회에서 완벽함이라는 비현실적인 기준에 맞추어 내 역할을 수행하도록 강요받았다. "더 많이" 해야 한다는 이러한 믿음은 부모님과 선생님을 포함해 살면서 만난 모든 어른을 통해 나와 형제들에게 전수되었다. 초등학교 시절 숙제를 하고 있었을 때 아버지가 다정한 목소리로 네가 아무리 똑똑해도 세상은 너의 능력을 알아봐주지 않을 테니 언제나 더 열심히 노력하며 살아야 한다고 일러주었던 기억이 난다. 동등한 존재로 인정받기 위해 더 많이 노력해야 한다는 감각은 항상 내 주위를 맴돌았다. 탁월함에 대한 더 높은 기준을 마음속 깊이 품고 있다 보니 평범한 삶의 속도를 무시하고 지나치기 쉬웠다. 우리 문화가 요구하는 기계처럼 빠른 삶의 속도에 깊이 빠져들어 지낸 시절들이 있는데, 그때마다 이건 정상이 아니라는 느낌이 들었다. 뭔가 잘못되었다고 느꼈다. 몸의 긴장을 풀거나 멈출 수가 없었다. 다음에 할 일, 납부해야 할 고지금, 돈을 모으기 위해 이번 주에 일해야 하는 시간, 예상 외의 지출을 충당하기 위해 벌일 만한 부업에 대한 생각이 끊이지 않으니 머릿속이 늘 팽팽 돌았다. 내가 해내야 하는 일로 하루가 빈틈없이 꽉 차 있었다. 나에게 진정한 해방이란 끊임없이 우리의 가치를 증명하려 애쓰면서 할 일 목록에 오른 일들을 지워나가지 않아도 되는 것이었다. 그저 존재하는 것이었다.

나는 그저 흑인으로서, 흑인을 위한 존재가 된다는 발상과 개념을 좋아한다. "앞 사람보다 더 나은 사람이 되어야 한다"는 말, 탁월한 흑인이라는 관념, 영감과 '본보기'가 되려는 끝없는 노력은 힘겹고 지속 가능하지 않으며 백인우월주의와 체면의 정치respectability politics에 젖어 있기에 흑인인 우리의 자존감을 무너뜨린다. 태어나 살아가고 숨 쉬면서 자신 및 가족과 관계 맺는 그대로 충분하다고 생각하면 어떨까? 다른 무언가를 더 하지 않고도 우리의 신성을 깊이 아는 것. 바로 내가 많은 이에게 바라는 것이다. 나는 자본주의 체제 속에 살면서도 휴식의 순간을 포착하는 법을 보여준 나의 가장 가까운 조상인 아버지에게 감사한다.

이것은 낮잠 그 이상이다. **휴식은 저항이다**라는 우리의 개넘 틀 안에서 저항이란, 체제가 뭐라 하든 쉬는 것이다. 우리는 스스로 휴식을 재상상한다. 백인우월주의와 자본주의를 뒤흔들고 밀어내기 위해 신체적, 영적, 정신적 휴식의 공간을 빚어낸다. 평생에 걸쳐 세뇌에서 벗어나는 작업이다. 휴식을 해방의 도구로 활용하는 사고의 전환이자 자세ethos이다. 정보는 몸속에 있다. 멈추지 않고 계속 밀고 나아가는 것은 트라우마 반응이다. 과로는 우리를 트라우마의 순환 고리에 붙들어두지만 휴식은 그 고리를 헤집고 뒤흔든다. 휴식은 내 몸이 내 것임을 주장하는 자세이다. 휴식은 치유와 상상을, 조상들과 소통할 관문을 제공한다. 꿈의 공간에서 우리는 여러 일을 해낼 수 있다. 쉬지 않는 탓에 당신은 어떤 기적 같은 순간을 놓치고 있는 걸까?

휴식하는 법

서두를 것 없다. 급한 일은 없다. 백인우월주의 문화의 거짓말에서 벗어나자. 휴식은 세심한 사랑의 실천이다. 자본주의 체제에서 어떻게 해야 쉴 수 있을까? 우리가 매일 마주하는 현실에서 휴식하기는 어떤 모습일까? 생활비를 감당하면서 어떻게 쉴 수 있을까? 무엇부터 시작해야 할까? 만만한 작업은 아닐 것이다.

　휴식, 속도 줄이기, 낮잠, 수면은 과로문화가 우리에게 기대하는 것이 아님을 처음부터 밝혀두어야 한다. 체제가 우리를 기계처럼 경직된 존재로 만들기 때문에 이는 진정한 저항이다. 휴식은 우리를 부드럽게 만들어주며 부드러움과 돌봄에는 힘이 있다. 우리는 몸과 마음이 전하려는 이야기에 귀를 기울일 수 있을 만큼 속도를 줄여야 한다. 삶은 호기심과

1부 쉬자!

창조로 이루어지는 아름다운 실험이다. 해로운 체제의 바깥에서 삶을 만들어나갈 수 있다. 집단적 돌봄, 상상, 휴식은 우리의 해방에 너무나도 중요하다. 이것들 없이는 해낼 수 없다.

휴식은 누구를 위한 것일까?

휴식은 지친 사람, 고강도 노동 종사자, 길을 내려고 애쓰는 사람, 길을 내려고 하지만 여전히 단절된 채 고통받는 사람, 언제쯤이면 밤새 푹 잘 수 있을지 궁금한 사람, 잠을 자거나 휴식을 취할 자격이 없다고 믿도록 사회화되었기에 그렇게 믿는 사람을 위한 것이며, 온 힘을 다해 아이를 키우는 사람, 기업가, 실업자, 블루칼라, 화이트칼라, 생산하지 않으면 충분치 못하다고 가르치는 체제에 세뇌당한 사람들을 보살피는 신앙 사역자와 그들을 위해 최전선에 선 사람들을 위한 것이다. 휴식은 우리 모두를 위한 것이다. 모두가 신성을 되찾게 하려는 전 지구적 운동. 휴식은 우리의 신성한 권리다. 사치나 특권이 아니다.

휴식은 숨 쉬고 깨어나는 것만큼 자연스러운 것이다. 자연의 일부이다. 진정한 자신으로 돌아가게 하는 것이다. 그저 존재할 능력을 앗아간 자본주의를 접하기 이전의 그들로. 휴식은 몸과 마음을 가장 깊이 연결할 수 있을 정도로 속도를 줄이는 모든 작업이다. 우리 몸과 존재 가치는 할 일 목록에 오른 일들을 얼마나 많이 지울 수 있는지와 관련이 없음을 아는 데 집중해야 한다. 건전한 경계를 유지할 기력을 확보하면서 '하지 않을 일 목록'을 작성하는 데서 시작해볼 수 있다. 휴식하고 휴식을 재상상할 기회는 무궁무진하다. 재상상해보면 언제든지 휴식할 시간을 찾아낼 수 있다.

휴식은 과로문화의 그물망에 붙들린 모든 사람을 위한 것이다. 과로문화가 자본주의와 백인우월주의의 사악한 합작품임을 잊어서는 안 된다. 이 관점에서 보면 우리 모두 이 해로운 체제에 사로잡혀 있다. 똑같은 단계를 밟으며 태어나 자라고 훈련받는다. 부유하든 가난하든 자본주의 같은 체제에 어떤 식으로든 묶여 있을 때 발생하는 영적 결핍에 모두가 사로잡힌다. 모두 나름의 방식으로 해를 입는다. 이는 연구사가 뒷받침하는 사실이다.

이렇게 시작해보자.

1. 일주일, 한 달, 또는 더 길게 정기적인 소셜미디어 해독 기간을 거치자.

2. 거절을 하거나 건전한 경계를 유지하기 어렵게 만드는 개인적인 트라우마들을 치유하기 시작하자.

3. 매일 공상에 잠기는 수행을 시작하자.

4. 단번에 변화를 일으켜 문제를 해결해줄 즉효약 따위는 없음을 받아들이자.

5. 세뇌당했다는 사실을 천천히 받아들이자. 자본주의 문화 속에서 사회화된 이상 이는 기정사실이다. 이 사실을 인정함으로써 해체를 시작하자.

6. 속도를 줄이자.

7. 지금 이대로도 충분하다. 이 말을 매일 되뇌어야 한다면 그렇게 하자. 백인우월주의와 자본주의가 망가뜨린 자존감과 자기 가치를 회복하는 작업을 시작하자.

8. 피로는 생산적이지 않다는 점을 이해하자. 또한 당신은

1부 쉬자!

생산성을 높여 더 많은 일을 할 기력을 모으기 위해 쉬는 것이 아니다.

9. 더 귀를 기울이자.
10. 공동체 돌봄 시스템을 만들자.

휴식은 실제로 어떤 모습일까? 다음에 나오는 목록은 낮잠사역단 소셜미디어 계정에 수십만 명이 밈 형태로 공유해준 것이다. 명확한 방법과 일상적인 지침을 찾고 싶어 하는 우리 내면의 어느 지점을 건드리는 내용이다. 휴식의 메시지에 이끌린 이들은 나름의 실험과 상상으로 보완한 유연한 경로를 따라 움직인다는 점이 중요하다. 당신 몸은 당신이 잘 안다. 당신 몸은 우리가 제공하는 것보다 더 많은 것을 알고 있다. 내장된 정보에 따라 스스로 작동한다. 휴식을 재상상하는 것은 낮잠 그 이상의 작업이다. 속도를 줄이고 연결하고 재상상하는 자세이다. 이 휴식 수행은 앞으로 나아가는 길이다. 낮잠사역은 의식적이며 연결된 휴식이 어떤 느낌인지 몸으로 경험하는 사람들의 힘에서 출발하고 멈춘다. 깊고 부드러운 휴식이 어떤 느낌인지 설명할 말이 아직 부족하다. 휴식이 우리의 토대가 될 때까지 매일 수행해야 한다.

휴식은 이런 모습일 수 있다.

1. 10분간 눈 감고 있기.
2. 침묵 속에서 오래 샤워하기.
3. 10분간 소파에서 명상하기.
4. 창밖을 가만히 바라보며 공상에 잠기기.
5. 침대로 들어가기 전에 따뜻한 차 마시기.

6. 느린 음악에 맞추어 혼자 천천히 춤추기.

7. 소리 목욕[*]이나 소리 치유 등을 경험하기.

8. 태양 경배 자세^{**} 연습하기.

9. 20분간 낮잠 자기.

10. 기도하기.

11. 집 안에 둘 작은 제단 만들기.

12. 오랫동안 따끈하게 목욕하기.

13. 정기적으로 소셜미디어 접속 끊기.

14. 문자메시지와 이메일에 즉답하지 않기.

15. 음반 전체를 깊이 귀 기울여 듣기.

16. 자연 속에서 명상 산책하기.

17. 뜨개질, 바느질, 퀼팅 하기.

18. 악기 연주하기.

19. 진지하게 눈 마주 보기.

20. 격하게 웃기.

휴식은 내 삶을 간결하게 만들어주었다. 이전에는 불가능하다고 느끼던 것을 가능하게 했다. 침대에 눕는 것으로 폭력적인 체제에 맞서기로 결심함으로써 무엇이든 할 수 있다는 확신을 얻었고 과로문화의 거짓말을 더 깊이 파악하게 되었

---

*　Sound Bath. 소리를 들으며 명상하는 행위. 주로 히말라야의 싱잉 볼(singing bowl) 연주를 들으며 행한다.

**　Sun Salutation. 요가의 기초 자세 중 하나로, 수르야 나마스카(Surya Namaskar)라고도 한다. 몸을 천천히 뒤로 젖힌 다음 다시 앞으로 숙이면서 바닥에서 코브라 자세를 취했다가 몸을 일으켜 세우는 열두 가지 동작으로 이루어져 있다.

1부 쉬자!

다. 이 문화가 우리를 쳇바퀴에 묶어두는 데는 두려움과 결핍이 중요한 역할을 한다. 개인적인 경험과 주변으로부터 받는 지속적인 강화 반응을 통해 우리는 불신을 품은 채 마비된다. 나는 인생이 부와 성취를 향한 길을 열심히 노력하며 따라가는 것이라는 말을 고용주, 친구, 교사, 정치인, 교회 지도자로부터 계속 들었다. "일찍 일어나는 새가 먹이를 구한다", "잠은 죽어서 자는 것이다", "매일 일어나 실천하지 않으면 아무것도 이루지 못할 것이다", "네가 자는 동안 나는 죽도록 일한다", "일을 완수하려면 밤새 불을 밝히라", "잠들지 않는 팀", "일어나 달려라", "네 손으로 일어나라" 같은 말들. 이 해로운 격언들은 생산과 이윤을 늘리는 데 혈안이 된 문화의 언어에 속한다.

가치 있는 존재로 보이려고 자신을 소진하는 방식에 관한 이야기를 계속 듣다 보니 우리가 언제쯤 자기만의 가치를 알아보는 쪽으로 전환할지 궁금해진다. 그렇게 된다면 해방에 더 가까워질 것이다. 즐거움과 기쁨과 해방을 맛보기엔 너무 피곤한 상태에서 어떻게 그것들을 손에 넣을 수 있을까? 바로 우리 사역의 핵심 질문이다. 마주하고 계속해서 풀어나가야 할 과제. 우리는 자신을 괴롭히는 수면 부족, 피로, 단절에는 문제를 제기하지 않으면서 온전하고 풍부하게 누리기를 원하는 물질적, 비물질적 대상을 극구 칭송한다. 목표와 꿈에 걸맞게 살아간다면 우리는 무엇을 얻고 식별할 수 있게 될까?

나는 분주함과 피로가 기쁨을, 내게 힘이 되어주었을지도 모를 연결을 앗아간 모든 순간을 떠올려본다. 친구나 연인과 연락하려고 했지만 인정사정없는 업무 일정과 더 열심히 달리라는 요구로 인해 관계에 심각한 손상을 입고 시간도 빼앗기고, 더러는 거의 유대를 형성할 수 없었던 때가 얼마나 많았나? 주 60시간 노동을 하거나 여러 일자리로 동시에 뛰어다니느라 자녀의 활동을 지켜보고 함께 추억을 쌓을 기회를 놓치는 부모가 얼마나 많은가? 과로문화는 일을 마친 뒤 녹초가 되어 침대로 들어갔다가 일어나 더 많은 일을 하는 생활을 당연시하게 만들어 공동체를 해친다. 자본주의의 급박한 수레바퀴는 그 안에 존재하는 것에 아랑곳하지 않은 채 돌아간다. 가능하다면 무엇이든 상품화하며, 인간으로서 모든 영역을 경험할 공간은 허용하지 않는다.

과로문화는 당신의 상상력과 시간을 훔치는 동시에 기쁨, 취미, 여가, 실험할 능력을 앗아갔다. 우리는 끝없이 돌아가는 일의 순환 고리에 사로잡혔다. 나는 성인기에 접어든 후에도 취미란 추가 수입을 얻기 위한 부업이라고 배웠다. 여가와 휴가는 아주 드문 일이었다. 스무 살이 될 때까지 가족끼리 휴가를 즐기러 간 적도, 부모님이 휴가를 떠나는 모습을 본 적도 없었다. 집에 들어오는 돈은 한 푼도 남김없이 고지금과 생활비로 나갈 정도로 가난해서 그런 일은 거의 불가능했다. 아버지는 개인적인 휴식 시간이나 휴가가 생기면 다른 사람의 부탁을 들어주거나 약속을 잡거나 집을 고치거나 교회에서 더 많은 일을 하며 보냈다. 나는 학부 시절 학교를 벗어나 데니스 삼촌을 보러 캘리포니아에 갔을 때 처음으로 휴가를 경험했다. 우리에게는 탐험하고 헤매고 뭔가를 알아내고 압박을 풀어내는 데 쓸 시간이 거의 없었다. 충만하고 단순한 삶을 산다는 개념은 해로운 우리 문화의 복잡성과 불평등으로 인해 복잡하게 꼬이고 말았다. 그저 존재할 시간을

1부 쉬자!

보낼 공간을 요구하는 일은 우리의 치유와 해방에 대단히 중요하다. 이런 요구 없이 우리는 해낼 수 없을 터이다. 우리가 구현할 수 있는 연결되고 의도된 휴식의 총량이 사나운 바다 위에서 의지할 구명보트가 된다. 모두를 구원할, 돌봄과 사랑의 행위를 허용할 능력에 휴식을 쏟아붓자.

우리는 분주함에 중독되었음을 밝히고 풀어낸 후 놓아 보내야 한다.

우리의 휴식이 부활이 되게 하자. 휴식을 취했을 때 자아에 생겨나는 힘을 느끼고 보고 음미할 수 있도록 장막을 걸어내자. 휴식을 신성한 것으로 재상상하고 되찾아 오려면 전면적인 정신적 전환이 일어나야 함을 부디 깨닫기를. 불가능한 것에 설레고, 냉소주의나 절망을 헤치고 나아가 사랑, 끈기, 희망을 품고 반대편으로 굳건히 떠오르기를. 스스로가 허약하게 느껴지고 벽에 부딪혔을 때 휴식은 우리를 구하고 지탱하고 일으켜 세워줄 수 있다. 번성하고 뒤흔들기 위한 가장 큰 희망은 깊이 또 의식적으로 쉬는 데 있다. 휴식이 그 작업이다. 해방과 심판의 관문이 솟아나 열리는 과정이다. 이 휴식의 관문이 피난처가 되기를. 우리가 그곳을 자주 찾기를.

2부
꿈꾸자!

나의 조상들에게.
몸을 약탈당하며 수고로이 일한 결과가
헛되지 않을 것입니다. 나는 당신들을 위해 쉬겠습니다.
당신들이 빼앗긴 꿈의 공간을 되찾겠습니다.

공상, 옥타비아 버틀러, 오드리 로드,
흑인여성주의 신학에 영감을 받아.

휴식과 돌봄을 외면하지 않는 편이
현명할 것이다.
피로하고 단절된 채로
머물러 있을 여유가 없다!
자신의 힘을 두려워한다면
그들에게만 좋은 일이 된다.

슬픔에 잠겨 있을 때 경험한 공상의 순간.

눈을 감고 내 땋은 머리가 공중으로 떠올라 프로펠러처럼 나를 들어 올려 다른 행성으로 데려가는 장면을 상상했다. 인종차별도 성차별도 계급차별도, 그 밖의 어떤 종류의 혐오도 없었던 행성. 여기에서는 모두가 고양이처럼 하루 열여덟 시간씩 잠을 잔다. 생존하고 번성하는 데 필요한 노동은 자는 사이에 꿈속에서 이루어진다. 식량도 꿈속에서 재배된다. 이 행성은 지구에서 폭력과 억압으로 쓰러진 흑인들의 몸을 위한 피난처이다. 이들은 이제 위원회의 일원으로서 행성 전체를 위한 영적 조언자 역할을 한다. 트레이본 마틴도 있고, 레키아 보이드도 있고, 샌드라 블랜드도 있고, 조지 플로이드도 있고, 브레오나 테일러도 있다.*

---

* 각각 인종차별 폭력으로 희생된 흑인들의 이름이다. 2012년, 고등학생 트레이본 마틴은 밤중에 길을 걷다가 자경단 조지 짐머만에게 총을 맞았다. 레키아 보이드는 귀 옆에 대고 있던 휴대전화를 총으로 오인한 경찰 단테 서빈에게 사격당해 숨졌다. 2015년, 샌드라 블랜드는 차선 변경 신호 위반을 계기로 경찰 브라이언 엔시니아와 언쟁을 벌였다가 위협을 받고 교도소에 수감되었고 사흘 뒤 목을 매어 죽은 채 발견되었다. 2020년, 경찰 데릭 쇼빈이 위조 지폐 사용 혐의로 체포된 조지 플로이드의 목을 무릎으로 9분 넘게 짓눌러 살해했다. 매팅리 외 두 경찰은 마약 수사를 위해 브레오나 테일러의 자택에 침입해 총탄 여섯 발을 쏘아 브레오나를 살해했다.

2부 꿈꾸자!

모두 흰 옷을 입고 웃고 쉬며 함께 지낸다.

이 환상은 30분 동안 공상에 잠겼을 때 떠오른 것이다. 덕분에 나는 차분한 마음으로 슬퍼하고 쉴 고요한 공간을 누릴 수 있었다. 실제 일어난 일의 대안을 몸과 마음으로 느낄 수 있었다. 나는 공상을 머리로 하는 사랑이라 부른다. 우리의 사역에서는 공상을 수많은 휴식의 형태 중 하나로 꼽는다. 공상은 언제든 활용할 수 있는 휴식 방법이다. 가벼운 낮잠. 어린 시절 우리는 교실에서 공상에 빠져 있다고 벌을 받곤 했다. 과로문화 아래에서 훈련받은 교사들은 공상에 빠진 학생은 집중하지 않는다고 판단했다. 우리는 점차 상상하고 새로운 정보를 내려받는 데 시간을 들이는 짓은 잘못이며, 이는 학습이 아니라고 배운다. 평생에 걸쳐 몸과 단절하는 과정을 시작하고, 우리 몸과 영이 미묘하고 대담하게 자신과 소통하는 방식을 무시하는 법을 익힌다.

나는 하루에 몇 시간씩 공상에 잠길 수 있고, 어릴 때부터 매일 이렇게 해왔다는 걸 또렷이 기억한다. 공상에 잠기는 동안 지나온 날을 곱씹고 꼭 현실처럼 느껴지는 세계를 상상했다. 잠시 멈추어 몸과 마음을 연결하며 역사를 써 내려갔다. 늘 예술가이자 창작자로서 사이의 시간in between time을 살아왔다.

일리노이 하비에서 방 두 칸짜리 집에 살던 일곱 살 때 현관 시멘트 바닥에 앉아 있던 기억이 난다. 계단 네 개가 붙어 있고, 복잡한 철제 장식으로 둘러싸였으며, 의자 하나 놓을 만한 면적을 매끈한 시멘트로 마감한 그 현관을 절대 잊을 수 없을 것이다. 나는 여름 내내 그 계단에 앉아 하늘을 올려다보고 혼자 노래하고 이야기를 지어내고 새를 구경하고 마음이 떠돌아다닐 공간을 마련하며 보냈다.

　나이가 들수록 이런 순간은 점점 줄어들었다. 부모님, 선생님, 학우, 동료, 관리자, 친구에게 이끌려 다니기에 바빴다. 문화 전체가 합심해 우리를 쉬지 못하게 만든다. 우리 문화에는 휴식을 지지하고 공간을 마련해주는 체제가 전혀 없다. 이 문화는 노동과 생산성을 늘리는 효과가 나오지 않는 한 당신이 쉬기를 원치 않는다. 누구도 당신을 쉬게 해주지 않을 것이다. 그렇기에 이것은 영외 탐사이다. 대항 서사이다. 신뢰의 사역이다. 치유의 사역이다. 탈식민화 작업이다. 저항을 꽃피울 공간을 마련하는 하위문화이다.

형이상학적 공간.
이 휴식 운동의 핵심 요소.
준비이자 요구, 대안, 대항서사, 자유낙하.

휴식을 궁금해하는 사람들의 대안적인 공동체가 부각되고 하나의 가능성으로 여겨져야 한다. 옥타비아 버틀러의 『씨앗을 뿌리는 사람의 우화Parable of the Sower』 속 젊은 주인공으로부터 꿈꾸기에 관한 영감을 얻을 수 있다.

나는 나는 법을, 공중에 떠오르는 법을 익히고 있다. 가르쳐주는 사람은 아무도 없다. 조금씩 조금씩 꿈의 수업dream lesson을 반복하며 스스로 익힐 뿐이다.[8]

꿈의 수업이라는 이 개념은 풀려나고 치유하는 과정을 시작

2부 꿈꾸자!

하는 이들에게 동기를 부여하기에 아주 적합하다. 우리가 언세 어떻게 쉴 수 있을지 정확히 알 수 없다는 진실은 유효하다. 우리는 몸과 시간을 자신의 몫으로 되찾을 때 일어나는 죄책감, 수치심, 공포를 헤쳐나가게 된다. 이는 도망치거나 숨기지 말아야 할 취약한 진실이다. 지배적인 문화의 요구와 계획을 거스르기란 감당하기 어려울 수 있다. 우리는 쉬어야 한다는 몸의 신호를 무시하고 어떻게든 될 때까지 해내라고 배워왔다. 단지 우리의 체제가 가능한 한 이윤을 늘리기 위해 노동자를 무시하고 다그치도록 만들어졌기 때문이다.

우리의 휴식 사역에서 '꿈'이라는 요소는 형이상학적이고 영적인 것과 깊이 연관되어 있다. 선형적이고 실제적인 현실의 제약에서 벗어나는 시간이다. 해체 작업을 할 때는 '실용적인 것'이라는 틀에 붙들려 있으려는 생각을 멈추어야 한다. 과로문화는 머릿속을 점령해 활개치며 신성한 우리 몸의 기능을 끌어올리지 못하게 한다. 지치고 피곤한 우리 몸과 마음에는 엄청난 지식과 지혜가 잠자고 있다.

나는 해방 작업에서 꿈꾸기가 가장 어려운 도전이 될 것이라고 본다. 과로문화의 속도와 단절 상태를 유지하도록 사회화된 우리가 아는 모든 내용과 어긋나기 때문이다. 백인우월주의는 우리에게 이분법만을 가르쳤고 이처럼 경직된 사고로는 해로운 체제 안에서 쓰일 수는 있으되 진정한 자아의 신성 안에서 살아가기는 어렵다. 지금은 그저 멈추고 느껴야 할 때다. 의식적, 무의식적으로 짊어지고 있던 어마어마한 짐을 벗고 회복할 기회를 주면 몸에서 무슨 일이 일어날지 억지로 이해하려 들지 않아야 하는 시기다. 하루하루가 기계의 속도로 돌아가는 것이 정상이 아니라는 말을 언제 들어본 적이나 있었는가? 잠시 자리에 앉아보자. 바로 지금, 잠시 심호흡해보자. 우리 중 누구도 나면서부터 맞이한 세계의 바깥에 있는 무언가를 꿈꿀 공간을 가져본 적이 없다. "너무 많은 일을 하고 있다. 쉬어도 된다. 그저 존재하기만 해도 된다. 그래도 된다"라는 간단하고도 대담한 선언을 듣는 것이 혁명이다. 이 말을 믿고 휴식과 돌봄과 치유를 느끼고 찾아내기 위해 계속 꿈꾸는 것이 해방이다.

이를 인지하고 나면 차차 몸을 존중하고 새로운 존재 방식을 배우는 능력을 신뢰하게 된다. 우리는 소진되거나 수면 부족에 시달리거나 지독하게 피로한 상태에 빠지거나 자신과 타인으로부터 단절될 필요가 없다. 휴식에 대해 이어져온 서사에서 벗어나는 최선의 방법을 다 알지 못해도 앞으로 나아갈 수 있다. 언제든지 휴식의 과정을 꿈꿀 수 있다. 휴식하자는 제안이 익숙한 사람은 별로 없다. 휴식을 통해 미지의 방법으로 구원받는다는 것에 불안함을 느낄 수 있다. 우리는 계속 배우고 믿고 실험해야 한다. 희망이 사그라들었다면 침대에 누워 꿈을 꾸며 의욕을 되찾을 방법을 모색해야 한다.

꿈의 공간에서의 휴식은 자본주의의 유리창을 부수고 튀어나온 붉은 벽돌이다. 나는 우리가 의도적으로 취하는 휴식이 억압에 대항해 지르는 거센 함성으로 솟아나 부드럽고 충만하게 떠오르기를 바란다. 지나치게 느리고 어색한 속도로 천천히 속삭이다 결국에는 당신의 심장 박동과 겹칠 때까지. 꿈꾸기에 필요한 공간이 당신을 진정한 자신으로 돌려놓게 하자. 가치를 증명하려면 과로해야 한다는 폭력적인 의무에 붙들린 연약한 인간을. 꿈꾸기는 우리의 사역이다. 휴식하기는 우리의 목표이다.

2부 꿈꾸자!

그동안 우리는 꿈의 공간을 빼앗겼다. 꿈꾸고 멈추고 공상하는 능력을 익압딩하고 시간, 자기 가치, 자존감, 희망, 자신과 타인과의 연결을 강탈당했다. 휴식 사역은 사람들을 잠재운 뒤 눈 뜨게 한다. 우리가 보고 싶은 미래를 어떻게 꿈꾸는가? 꿈꾸기의 과정에 어떻게 다가설 수 있는가? 꿈꾸는 능력을 누가 가르쳐주었는가? 누가 당신의 비전을 예리하게 다듬어주는가? 공상에 잠기려는 열망이 언제 사라졌는가? 언제부터 공상에 잠기는 건 하찮은 일이나 시간 낭비라고 생각하게 되었는가? 어떻게 하면 당신이 찾아오기를 기다리는 꿈의 공간으로 기꺼이 들어갈 수 있는가? 어떻게 하면 공상의 순간에 충분히 빠져들 수 있을 만큼 과로문화의 거짓말을 끊어낼 수 있는가? 자본주의의 세뇌에서 벗어나는 데는 용기가 필요할 것이다. 당신을 해방으로 이끌어갈 활기찬 흐름을 유지하려면 공상과 침묵에 시간을 들이고 또 들여야 할 것이다.

흑인여성주의 신학자 에밀리 타운스는 과정으로서의 해방의 충만함을 아름답게 설명한다. 앤솔러지 『흑인여성주의 신학의 윤리Womanist Theological Ethics: A Reader』에 실린 「우리 영혼에 필요한 일을 하는 기술로서의 윤리Ethics as an Art of Doing the Work Our Souls Must Have」라는 글에서 타운스는 해방과 자유가 어떻게 다른지 이야기한다.

> 해방과 자유는 같은 것이 아니다. 반드시 구분해야 하는 중요한 차이다. 해방은 과정이다. 자유는 일시적인 존재 상태이다. 해방은 역동적이다. 결코 끝나지 않는다.[9]

나는 타운스의 작품을 읽으면서 처음으로 평생에 걸친 수행이 될 해방의 묘미를 느끼며 쉬었다. 궁극적으로 꿈꾸기를 실천하고 지향할 수 있었다. 이제는 그저 존재할 때였다.

이 숨겨진 뜻을 깨닫기 전까지는 내적인 삶과 외적인 삶에서 나를 해치는 모든 것을 알아내어 즉시 내가 가진 정보로 바로잡아야 한다고 믿었다. 언제나 모든 일이 시급해서 분주했다. 완료했어야 하는 일에 대한 불안감이 늘 주위를 맴돌았다. 느리게 돌아가는 꿈의 공간에 나를 기다리는 치유의 정보와 지침이 가득하다는 사실을 전혀 알지 못했다. 그러기는커녕 언제나 바로잡기 위해 노동하고 있어야 한다고 배웠다. 내 몸을 무한한 지혜의 공간이 아닌 밀어붙이고 만들고 파악하고 실행하는 데 쓰는 도구로 바라보았다. 우리 대부분은 과로문화의 요구에서 살아남은 이들이다. 나는 이 사역을 처음 접한 이들이 여기에 낮잠 그 이상의, 훨씬 많은 것이 담겨 있음을 이해하면서 보이는 반응을 통해 이 사실을 알게 되었다.

공상하기는 휴식의 한 형태로, 마음이 본래 작동하는 방식으로 열리는 듯한 느낌을 준다. 내 머리를 쓰다듬어주는 할머니의 부드러운 팔 같은 느낌이다. 당신을 단단히 감싸는 돌봄의 담요. 지금 당장의 위로.

우리는 우리를 길들여 자신의 가치가 생산 능력과 연결되어 있다고 믿게 만드는 체제에 맞추어 사회화되었다. 우리가 끊임없이 하는 노동은 몸으로부터 자신을 단절하는 감옥이 된다. 체제에 조종당하기 쉬운 상태가 되어 신성한 존재로서 지닌 힘을 발휘하지 못하고 희망을 잃는다. 꿈꾸는 법을 잊는다. 이런 식으로 과로문화가 지속된다. 거짓말을 내면화한

2부 꿈꾸자!

결과 지속 불가능한 삶의 방식을 실행하는 존재가 된다. 기억하자. 과로문화는 멀리 떨어져 있는 괴물이 아니다. 그것은 우리의 일상적인 행동 속에, 자신과 서로를 위한 경계의 부재 속에, 우리가 하는 선택 속에, 자신 및 공동체와 관계 맺는 방식 속에 있다. 과로문화는 바로 우리다. 우리는 쉬고 꿈꾸어야만 한다.

오드리 로드는 우리의 꿈과 꿈꾸기에 영감을 준다. 나는 이 사역에 참여하는 모든 이에게 로드의 작품을 전부 읽어보기를 권한다. 그 안에 푹 잠겨보자. 그러면서 쉬자. 연인이 손을 붙잡듯 로드의 급진적인 사고방식이 당신을 붙잡게 하자. 읽고 소화하고 치유하며 시간을 보내자.

이것은 경주가 아니다. 긴박함이란 미래에 대한 공포를 먹이로 삼는 미신이다. 나는 오드리 로드처럼 황홀경에 빠져 시의 제단에 몸을 누인다. 나는 시인이기에 꿈꾼다.「시는 사치가 아니다Poetry Is Not a Luxury」라는 글에서 로드는 시에 대한 애착을, 시가 희망을 위해 꼭 필요한 요소라는 믿음을 시적으로 표현한다. 나는 이따금 읽다 잠들고 싶어서 누운 채 로드의 시를 읽는데, 그러다가 로드의 시구가 떠다니는 잠에 빠져들곤 한다. 그의 시구 하나하나가 나를 더 깊은 꿈으로 인도한다.

시는 꿈이나 비전일 뿐 아니라 우리 삶의 골격 구조이다. 달라질 미래의 기반을 마련하고 한 번도 나타난 적 없는 무언가에 대한 두려움을 가로지르는 다리를 놓는다.[10]

내가 시를 사랑하는 사람이자 시인이 아니었다면 이 꿈꾸기의 여정에 도달하지 못했을 것이다. 때로는 낮잠을 통해 문화가 바뀔 가능성을 상상할 여지가 내게 있었을지도 의문스럽다. 예술과 함께하지 않고도 여기까지 올 수야 있었을지 몰라도 그 과정은 훨씬 험난했을 것이다. 나에게 시는 휴식과 마찬가지로 귀 기울여 듣는 고요한 공간에서 나타난다. 휴식과 마찬가지로 힘들이지 않고 나를 이끌어 알지 못하던 구석진 곳을 열어 보인다. 시는 의미를 부여하고 흩어져 있던 것을 다시 한자리에 모을 수 있게 해준다. 휴식과 마찬가지로 시는 신비를 경험하게 하기에 다가서기 두려울 수 있지만, 바로 이 점이 두려움을 직시하고 꿈을 꾸고 휴식이 우리를 이끌어 치유하고 호기심을 유발하도록 맡겨두어야 하는 이유이다.

휴식은 실제 삶 속의 대화이다.
나는 다른 방법을
알지 못한다.
휴식은 안내도이다.
인도하는 힘―진실을 말하는 자.
휴식은 안건지를 들고
자신과 의논하는 자리이다.
휴식은 침대 옆에서 무릎 꿇고
조용히 읊조리는 말이다.
휴식은 점심시간에 꾸는 꿈이다.
일어서서 두 손을 넓게 펼치고
눈을 뜬 채로 기도하는 법을
내게 보여준

2부 꿈꾸자!

라스타파리안*의 기운.

"그렇지 않으면 기도에 응답받았음을 어떻게 보고

깨닫겠습니까?"

휴식은 엄마의 원목 찬장에서 꺼낸 성유이다.

잔에 담긴 고급 폼페이산 올리브유.

장로들의 축복을 받아

마귀를 꾸짖으며 머리 위에 붓는.

휴식은 안수이다.

당신을 둘러싼 역장force field.

휴식은 현실이 된 꿈이다.

관문.

정직한 장소.

믿을 수 있는 장소.

신성한 피난처.

논문처럼 기나긴 갈망.

휴식이 일한다.

휴식이 꿈꾼다.

무한히 움직이는 힘.

우리를 둘러싼 돌봄.

휴식은 선물이자 안테나이다.

---

*   Rastafarian. 1930년대에 자메이카에서 창시되어 전 세계적으로 많은 흑인 신도를 거느린 종교로, 아프리카 흑인은 원래 하느님의 선택을 받은 민족이었으나 잘못을 저질러 하느님의 벌에 의해 백인의 노예가 되었다고 가르친다. 에티오피아의 마지막 황제 하일레 셀라시에 1세를 숭앙했고, 아프리카로 돌아가는 운동을 지속적으로 펼쳐왔다. 마리화나 흡연을 중시하며, 레게 음악이 탄생한 종교이다.

실크 베개에 가볍게 닿은 머리에서
혀끝으로 맺히는 고대의 부름.
휴식은 우리를 꼭 안아주네.
휴식은 집.

"결과는 하늘에 맡기자"라는 태도로 어떤 결과가 나오든 일단 쉬고 꿈꾸기로 결심하자 금세 안정과 지지와 명료함이 찾아왔다. 급진적 믿음은 삶을 대하는 내 태도의 근간이며 그렇기에 휴식을 연구하는 근간이기도 하다. 한없는 믿음을 품는 행위는 위기에 처했어도 품 안에서 보호받는 기분을 누리는 연습이다. 일단 몸에 익으면 그 기분으로부터 힘을 얻는다. 마술적인 존재가 된다. 날아오를 수 있다. 꿈꿀 수 있다.

피로의 반대편에서 우리를 기다리는 가능성들을 발견하지 못하도록 눈을 가리는 관념을 이 사역이 깨트리기를 바란다. 개인적으로 휴식을 실험하면 할수록 무엇이 진정으로 가능한지 더 많이, 더 폭넓게 깨닫게 되었다. 휴식은 자연스럽고 깊이 연결된 느낌을 받으면서 나 자신을 되찾게 해주었다. 나는 혼란을 헤치며 살아온 지난 10년을 또렷이 떠올릴 수 있게 되었다. 더 많이 쉴수록 우리는 더 많이 깨어날 것이다. 노예제 시대, 우리 몸을 지배당하고 가족과 떨어져 살아야 했던 시절에도 휴식이 우리를 살리고 붙들어주었건만, 왜 지금 우리는 휴식이 해줄 수 있는 일에 제한을 두는 걸까? 왜 휴식을 묻어두어 그 안에서 피어오르는 부활의 불꽃을 꺼트리는 걸까? 휴식이 진정 해방적이고 마술적이며 전능하다면 어떻게 감히 그것을 백인우월주의, 자본주의, 가부장제, 장애차별주의의 거짓말로 가로막을 수 있단 말인가? 나는

2부 꿈꾸자!

우리가 자유로워질 준비가 된 몸을 지닌 신성한 존재로서 잠재력을 안고 살아간다고 생각한다. 그 잠재력을 풀어놓으면 급진적인 휴식이 우리를 구원할 것임을 안다. 느끼고 공상에 잠길 공간을 당신의 마음속에 마련해주면 변화가 일어날 것임을 안다.

대서양 노예 무역과 동산 노예제를 통해 노예가 되었던 아프리카인의 후손인 흑인이라면 조상들에게서 아무런 대가 없이 강탈해간 노동을 통해 이 나라가 건설되었다는 사실을 되새겨보자. 이 지식을 바탕으로 조상들이 무엇을 해왔는지 생각해보면 지금 가루가 되도록 자신을 갈아 넣을 필요가 없다. 조상들은 당신이 안락하게 쉴 공간을 만들기 원한다. 자신의 꿈과 내려받은 정보 안에서 이 깨달음을 얻을 수 있을 만큼 충분히 오래 멈춰야 한다. 나는 휴식의 관문을 믿는다. 우리에게 필요한 해답이 거기에 있다.

역사는 낮잠사역단의 대단히 중요한 기반이다. 역사를 기억함으로써 공상을 풍부히 키운다. 나는 1960년대에 펼쳐진 정의의 사역에서 적극적으로 영감을 얻으며, 10대 시절부터 민권 운동사, 킹의 비폭력주의, 로자 파크스, 맬컴 엑스의 독학 등에 대해 열정적으로 공부했다. 우리는 이런 사람들이 남겨놓은 글을 탐독하는 사이에 형성되는 관계 속에서 배우고 영감을 얻고 아이디어를 주고받을 수 있다. 한 번도 만나본 적 없는 이 책 속 멘토들이 내게 커다란 영감을 주었다면, 신비, 역사, 영, 꿈꾸기를 받아들이는 능력은 오라 할머니에게 물려받은 것이다. 가족사를 들여다보면 내가 학교에서 배운 교과 과정이 고스란히 묻어난다. 나는 어린 시절 할머니를 통해 휴식을 어떤 식으로 재상상할 수 있을지 그려보았을뿐더러, 할머니가 삶을 풍성히 일구어낸 과정에서 꿈의 공간에 자신을 던지는 비법을 깊이 전수받았다. 할머니는 이제 조상들에게 돌아갔지만 지금도 꾸준히 내 꿈에 나타난다. 어린 소녀의 모습으로 찾아와 정원 일을 알려주거나 할머니의 작은 거실에서 비닐이 씌워진 소파에 앉아 철학적인 대화를 나누다가 나를 제일 좋아한다고 말해주곤 한다. 나는 할머니의 너른 팔에 안겨 신비롭고 경이로운 외국어를 듣는 듯이 할머니의 이야기를 듣는다. 우리는 영적인 차원에서 연결되었고 나는 접착제처럼 할머니에게 들러붙는다. 내가 본 할머니는 모든 것을 알고 있고, 모든 병의 치료법에 능통하며, 커다란 팬에 블루베리 코블러를 굽고, 가족 중 누구라도 머리를 비울 곳이 필요하면 집으로 들여주는 사람이었다.

나는 공상에 잠기고, 눈을 감고, 기도하고, 영의 길에 관해 예언하는 할머니를 지켜보면서 이 체현하기와 꿈꾸기의 세계로 끌려와 눌러앉게 되었다. 언젠가 할머니가 절대로 죽은 자를 두려워해서는 안 된다고 한 적이 있다. 길모퉁이에 있는 가게에 가려고 차를 몰고 공동묘지를 지날 때였다. 할머니는 이렇게 얘기했다. "죽은 사람은 무섭지 않단다. 무덤에 들어가면 나는 편히 잘 거야. 영은 우리 주위에 있지. 땅 위에 서서 걸어 다니는 이들이 나는 더 걱정이구나. 네가 유심히 살펴야 할 존재는 그들이야. 살아 있는 이들을 눈여겨봐야 해." "살아 있는 이들을 눈여겨보라"는 그 당부가 나의 호기심을 키워주었다. 나의 관심은 온통 휴식을 통해 집단적으로 우리 자신을 구원할 방법에 쏠려 있다. 어떻게 하면 자유로운 우리를 꿈꿀 수 있을까?

꿈꾸기와 공상하기는 내게 하나의 휴식이다. 우리는 과

2부 꿈꾸자!

로할 필요가 없다. 그것은 단절이자 폭력이다. 꿈을 꾸면 기운이 생기고, 내면 깊은 곳의 생각과 연결되고, 공간을 마련할 수 있게 된다. 쉬지 않고 빠르게 돌아가는 문화의 요구에서 벗어나 그저 존재할 수 있는 공간은 대단히 중요하다. 그런 공간 없이는 과로문화가 빚어내는 트라우마의 끝없는 순환 고리에 그대로 갇혀 있게 될 것이다. 과로문화는 우리 모두를 트라우마의 순환 고리에 붙들어두지만 휴식은 그 고리를 깨트린다. 나는 매일 공상에 잠기고, 멈춰 설 시간이 없을 때면 휴식 기법을 활용해 담요를 덮고 누워 수면량을 채우곤 했다. 세심한 사랑을 수행하는 하나의 방식이다. 집단적 공상은 이다음 단계이다. 우리는 꿈의 공간에 계속 머물러야 한다.

꿈의 공간에 머무르려면 비전을 품고 수행해야 한다. 우리에게 주어진 시간의 미덕에 마음을 열어야 한다. 우리가 꿈꾸는 데 필요한 공간을 어떻게 되찾을 수 있을까?

꿈꿀 공간을 마련하는 기법은 다음과 같다.
1. 온라인에 공개하지 않는 밀도 높은 공동체를 구축하자. 친밀감, 책임감, 취약성이 있는 공간을 찾고 만들어내자.
2. 전복적인 태도를 취하자. 지하철도*에서 활동하던 우리 조상들처럼, 흑인 대이동 시절의 우리 조상들처럼. 지금 당장 기쁨, 자유, 휴식의 공간을 발명하자. 몸을 누

---

* Underground Railroad. 노예제가 있던 19세기 미국에서 자유를 찾아 탈출하려는 흑인에게 길을 안내하고 피난처를 내어주던 비밀 연결망이다.

이자.

3. 길을 잃을 때까지 방황하자. 도망노예와 같은 존재가 되자. 절대 노예가 되지 않겠다고 결심하자. 체제에 속한 존재가 아니기에 이것은 도망치는 것이 아니다. 피해야 할 것은 아무것도 없다.

4. 속도를 줄이고 쉬자. 비밀스럽게 쉬자. 공공연하게 쉬자. 휴대전화를 끄자. 손으로 편지를 더 많이 쓰자. 오프라인에서 실시간으로 자신의 존재를 기록하자.

5. 물물 교환을 하고, 상호 부조에 참여하고, 공동체 돌봄을 가장 중요한 목표로 삼고, 내가 먹을 음식을 기르는 법을 배우거나 약재 전문가 및 민간 요법사와 협업해 식재를 재배하는 흑인 또는 선주민 농부를 지원하자.

6. 무슨 일이 있더라도 개의치 않고, 마치 인생이 걸린 듯이 쉬자. 이것이 우리가 번성할 방법이다.

우리가 여는 집단 낮잠 체험에서는 영적인 면모가 뚜렷이 드러난다. 활짝 열린 휴식의 관문에 편안히 안기도록 실내를 다정하고 세심하게 꾸민다. 이러한 경험을 선사하는 요소들은 2017년에 개최한 첫 행사 이후로 변함없이 유지되고 있다. 요가 매트, 베개, 담요, 초, 쉬고 있는 흑인의 모습이 담긴 사진을 진열해놓은 휴식 제단, 무명천, 물병, 싱싱한 꽃, 휴식을 주제로 선별한 배경음악 등. 원래는 하룻밤만 진행하려 했던 예술 행사였다. 대학원에서 내가 배운 모든 지식을 선별해 정리하고 낮잠사역단 설립에 참고한 자료를 한자리에 모을 기회였다. 참석자는 열 명 정도로 예상했다. 실제로는 40명이 휴식의 제단에 모여들어 낮잠을 잤다. 내가 아는 이

2부 꿈꾸자!

는 거의 없었다. 모두 지역 신문에서 보거나 친구에게 전해 듣고 휴식을 취하러 온 사람들이었다. 참석자들은 우리 집과 어머니 집에서 모아 온 담요를 두르고 바닥에 깔린 방석 위에 웅크려 누운 채 자연의 소리를 들으며 쉬었다. 나는 실내를 살피며 천천히 돌아다녔고 어느 순간 모두 평화롭게 잠들었다. 사방이 강렬한 침묵에 휩싸였는데, 낯선 사람 40명이 그토록 친밀하고 취약한 방식으로 한자리에 모여 있는 그 신성한 순간에 압도당했던 기억이 난다. 집단적 휴식의 기운이 실내를 가득 채워 모든 것이 너무나도 신성하고 안전하고 드넓게 느껴졌다. 나는 사람들을 꿈꾸는 상태로 인도하는 역할을 맡는다는 것이 얼마나 영광스러운 일인지 깨달았다.

두 시간에 걸쳐 휴식의 관문을 드나든 뒤, 다음 행사 예정 시간에 맞추어 공간을 비우기 위해 사람들을 깨워야 했다. 그대로 두면 밤새 잘 수도 있을 듯했다. 휴식 체험 후 '낮잠 대화' 시간을 열자 많은 이가 눈물을 터트렸다. 대면으로든 가상으로든 집단 낮잠 체험을 열 때마다 벌어지는 일이다. 사람들은 깨어나면서 얼마나 지쳐 있었는지 실감하고 눈물을 쏟았다. 다들 한낮에 낮잠을 자보기 전까지는 자신이 얼마나 심하게 소진된 상태인지 몰랐다. 이 멈춤의 시간이 커다란 깨달음을 안겨주었다. 난생처음 죄책감이나 수치심을 느끼지 않고 쉬어보았다는 데 감정이 북받쳐 우는 이도 있었다. 애틀랜타의 어느 공공 도서관에서 집단 낮잠 체험을 열었을 때, 평소 외롭게 지낸다는 한 여성이 다른 이들과 함께 쉬는 이 순간 자신을 안아주고 알아봐주는 느낌이 들었다는 소감을 털어놓았다. 떠나려고 짐을 정리하는 내게 참석자 한 명이 다가와 다음 일정이 어떻게 되느냐고 물었다. "이런 자리가 더 많아져야 해요. 저에게 필요해요"라며.

나는 이 행사를 계속 열 생각이 전혀 없었다. 하지만 사람들이 자꾸 다음 일정을 문의했고, 나도 지역 사회에 창의적으로 휴식 체험을 제공할 방안이 있다면 함께할 가능성을 열어두었다. 어디서든 휴식 체험을 개최하자는 제안이 오면 절대 거절하지 않았다. 그러다 보니 어느새 이 행사는 요가 스튜디오, 교회 지하실, 시내 공원, 회의실, 도서관, 극장, 서점, 체육관, 공립 학교, 대학교, 미술관, 주택, 아파트, 공유 작업실 등 곳곳에서 지역 주민들이 휴식할 수 있는 기회로 멋지게 확장되었다. 휴식 체험은 평평한 바닥이나 야외 공간이 있는 곳이라면 어디서든 기획할 수 있다. 첫 번째 휴식 체험 당시 현장을 둘러보면서 나는 집단적 휴식이 얼마나 특별하고 성스러우며 해방적이고 거룩한 느낌을 주는지 실감했다.

우리의 첫 핵심 프로그램이 된 집단 낮잠 체험은 40명에서 출발해 때로는 단 두 명, 때로는 가상 공간에서 수백 명이 참여하는 행사로 이어져왔다. 내가 진행한 낮잠 체험 중 가장 아름다웠던 행사는 걸 트렉Girl Trek이라는 단체가 콜로라도주의 산속에서 개최한 스트레스 프로테스트Stress Protest라는 수련회에서 열린 것이다. 전국에서 모인 흑인 여성 5백여 명이 일주일 동안 워크숍, 강의, 교류 활동에 참여하는 행사였다. 차분한 조명 아래 요가 매트와 베개가 놓였고 미리 골라둔 흑인 치유 음악이 흐르는 커다란 체육관에 흑인 여성 50명이 모였다. 연령은 21세에서 65세까지 다양했다. 다들 설레는 마음으로 기꺼이 함께 바닥에 누웠다. 나는 참가자들이 자리를 잡으면서 딱딱하게 긴장된 몸을 편안히 이완하는 모습을 지켜보았다. 35분 동안 행사장 전체에서 유연하고 자유로운 휴식 상태가 지속되었다. 희망적이고 충만한 분위기가 느껴졌다. 모든 사람의 호흡이 동기화되었고, 각자 몰입하면서 깊은 잠에 빠지기 시작하자 자연히 경건한 침묵이 감돌았다. 나는 라벤더 향 막대를 들고 주위를 천천히 돌아다녔다. 뒤흔들고 밀어낸다는 것이 무엇을 뜻하는지 조용히 관찰하는 동안 내 뒤로 연기가 우아하게 피어올랐다. 한낮에 그 어떤 할 일도, 휴대전화도, 걱정거리도 없이 그저 존재하기 위해 한 시간 동안 속도를 줄이는 흑인 여성 50명의 힘. 부드럽게 내려앉을 수 있는 공간. '낮잠 대화' 때는 참석자 한 명이 낮잠을 자다가 얼마 전 돌아가신 할머니 꿈을 꾸었다는 이야기를 나눠주었다. 꿈속에서 둘은 서로 교감했다. 감정이 북받친 기색이 한눈에 드러나 보이던 그 참석자는 이 시간을 통해 치유와 위로를 받았다고 했다.

낮잠 체험을 진행할 때마다 나는 낮잠사역단의 주문을 휴식으로 인도하는 공개 초청장 삼아 낭독한다. 각자 꿈의 세계로 빠져들기 직전, 깨어 있는 세계와 잠자는 세계 사이에 있을 때 천천히 부드럽게 첫 줄을 읽는다. "낮잠 사원의 문이 열려 있습니다." 이 초대의 말이 휴식의 관문으로 들어갈 의지를 끌어내기에, 계속해서 한 줄 한 줄 조심스럽게 읊어나간다. 선언문의 중간에 이르면 감사의 문장이 나온다. 나는 바닥에 누운 한 사람 한 사람의 몸을 향해 천천히 의식적으로 그 문장을 낭독한다. "살아주어 고맙습니다. 저항해주어 고맙습니다. 쉬어주어 고맙습니다." 낭독을 마치면 보통 참석자 중 절반 정도가 잠들어 있고 나머지 절반은 잠이 드는 중이다. 배경 음악과 함께 40분이 지나는 동안 우리는 휴식의 기운이 드러나기를 기다린다. 늘 그렇게 된다. 휴식은 우리를 실망시킨 적이 없다. 꿈꾸기는 우리를 절대 실망시키지 않을 것이다.

처음에는 사람들이 한낮에 잘 알지도 못하는 여성이 자기를 낮잠의 주교라고 소개하면서 베개와 담요를 내어주는 곳에서 낮잠을 잘 수 있을지 확신이 들지 않았다. 모르는 사람으로 가득 찬 방에서 지갑과 휴대전화를 내려놓고, 신발을 벗고, 새로 세탁한 담요를 덮고, 베개를 베고 웅크려 누우려 할까? 그게 편하게 느껴질까? 잠은 얼마나 깊이 들까? 깨어날 때는 어떤 반응을 보일까? 말도 안 되는 비현실적인 이야기로 들리지만, 이 행사가 효과를 내고 미국과 전 세계의 수많은 사람의 마음을 사로잡은 것도 바로 이 때문이다. 낮잠사역단은 어디까지나 지쳤으면서도 호기심 많은 어느 흑인 여성 예술가의 개인적인 실험이었다. 나는 휴식이 나에게 어떤 효과를 내는지 알고 있었지만 그것이 다른 이들을 위한 집단적 치유의 시간으로 전환되는 모습을 지켜보는 것은 그야말로 축복이었다.

초기에는 조지아주 애틀랜타 시내에 몇 없는 흑인 소유 요가 스튜디오인 '옐로우 매트 요가 앤 웰니스Yellow Mat Yoga and Wellness'에서 체험을 진행할 때가 많았다. 거기서 마술적이고 강렬한 순간을 많이 겪었다. 한번은 어떤 사람이 자는 동안 바닥이 흔들리면서 담요에 꼭 감싸인 느낌이 들었다고 한 적이 있다. 너무 실감이 났던 나머지 깨자마자 내게 다가와 혹시 자기에게 조심스레 담요를 덮어주었냐고 물었다. 나는 아니라고 했다. 자는 동안에 동의 없이 누구에게도 손대지 않기 때문이다. 그저 앉아 있다가 주위를 돌아다니고 관찰하면서 실내 공간을 관리하는 역할만 한다. 방해 금지 모드로 조용히 머무른다. 그 사람은 꿈속에서 내가 담요를 덮어주었다고 믿었을 만큼 생생한 느낌을 받았기에 충격에 빠졌다. 그룹별 '낮잠 대화' 시간에는 한 여성이 큰 소리로 울기 시작했다. 여성에게 감정의 근원을 밝히고 싶냐고 물었더니 그동안 누구도 자신에게 "살아주어 고맙다"고 말해준 적이 없었다고, 지난 몇 주 동안 자신은 무가치한 존재라고 느끼며 우울하게 지냈다고 고백했다. 잠자는 동안 시 한 구절과 꿈 한 번으로 자기 삶을 고마워할 수 있게 되자 평화롭고 홀가분한 순간이 찾아왔다고 했다.

사람들을 깨울 때는 살며시 조명을 조절하거나 미리 준비해둔 음악을 작게 튼 다음 점차 소리를 키우기도 한다. 휴식 상태에서 아주 부드럽게 빠져나올 시간을 주는 것이다. 서두를 것 없다. 급한 것도 없다. 집단 낮잠 체험은 그저 존재하고, 보살핌을 받고, 여가를 체험하고, 공상에 잠기고, 꿈꾸고, 시간에 얽매이지 않고, 쫓기는 기분을 느끼지 않고, 이루어낸 일 때문이 아니라 그저 존재 자체로 사랑받는 순간을 선사한다. 음악이 흐르면 사람들은 눈을 뜨고 팔다리를 뻗고 담요를 젖히기 시작한다. 이때가 체현의 순간이자 연결이 이루어지는 시간이다. 우리는 휴식을 취했을 때 자신의 가장 깊은 곳과 연결된다. 친밀함과 취약함의 순간이기도 하다. 우리가 험난한 일상에 대처할 준비를 할 때 휴식은 신체적, 영적 연약함을 위한 공간이 된다. 숨어 있던 분노의 해독제가 지친 몸에 투여된다. 휴식은 항거이다. 정지 버튼 없는 세상에 대한 아름다운 개입이다.

꿈꾸기는 자본주의 체제 속에 살면서 집단적으로 겪는 삶의 현실을 직접 휘젓는 행위이므로 해방을 향해 나아가는 길이 된다. 과로문화는 폭력이다. 아무리 말해도 부족하기에 우리는 이 진실에 더 깊이 파고들면서 스스로 거듭 되뇌어야 한다. 당신은 이 선언문을 읽는 내내 이 말을 마주할 것이다. 과로문화는 폭력이며 폭력은 트라우마를 유발한다. 우리는 심각한 트라우마를 얻었다. 인간으로서의 신성을 무시당하고 폄하당했다. 용기를 내어 휴식에 관해 자신이 느끼는 깊은 죄책감과 수치심을 우리 소셜미디어 계정의 메시지함을 통해 공유하는 사람이 매달 수천 명에 이른다. "뭔가 하고 있어야 할 것 같은 기분이에요", "할 일 목록을 처리하고 있지 않으면 무가치한 존재라는 느낌이 들어요", "하루 종일 여가를 즐기면 게으르고 무가치한 인간으로 느껴져요." 죄책감과 수치심에 붙들려 그저 존재할 수 있는데도 타고난 권리를 누리지 못하는 상태. 꿈꾸기는 여기서 시작한다. 잊고 있던 모든 능력을 활성화한다. 새로운 길을 낸다.

꿈꾸기의 미덕을 받아들이는 방법에 관한 뚜렷한 안내도는 없다. 유연하다는 점과 실험이 필요하다는 점 속에 이 작업의 미덕이 담겨 있다. 바로 당신이 자신에게 부여해야 하는 깊은 신뢰이다. 신뢰의 수행. 신성한 활성화. 실험하기는 내가 지친 몸으로 대학원의 '문화적 트라우마' 수업에 제출할 리포트를 쓰느라 『노예 증언』을 읽던 중에 구체화되었다. 나는 역사를 기억하자는 뜻에서 20년 가까이 이 책을 책장에 꽂아두었다. 그리고 주기적으로 꺼내어 일정량씩 읽곤 한다. 노예가 된 이들이 일인칭으로 서술하는 이야기는 언제 읽어도 충격적이다. 그 이야기를 통해 그들의 세계가 살짝 드러난다. 그들이 살아온 미시사를 보여주는 유리창이자 기록물. 750쪽에 달하는 이 책은 단번에 완독하는 것이 아니라 꾸준

2부 꿈꾸자!

히 곁에 두고 참고서이자 아카이브로 활용해야 할 작품이다. "노예에 관한 여러 자료를 한 권에 엮어 넣은 최초의 체계적 시도"로서, "1736년에서 1864년 사이에 노예들이 작성한 편지 열한 통, 연설문 여덟 편, 1827년에서 1938년 사이에 언론인, 학자, 공무원이 수행한 인터뷰 129편, 1828년에서 1878년 사이에 정기 간행물과 희귀 서적에 실린 자전적인 글 열세 편을 엮은 책이다."[11] 내가 이 책에 빠져들지 않았다면 낮잠사역단은 존재하지 않았을 것이다. 소파에 누워 이 책을 읽다가 가슴에 올려둔 채로 잠든 밤이 아주 많았다. 이 안에 담긴 목소리들이 나를 들었다 놨다 했다. 나는 땅, 일터에서의 삶, 종교, 고통, 가족 등으로 카테고리를 할당한 색색의 포스트잇을 책에 붙이며 몇 시간씩 보냈다. 그들의 삶이 어떤 모습이었는지 더 자세히 살펴보려 했다. 또 다른 의미를 드러내는 단어나 문구를 찾아내기를 바라며. 그들과 깊이 소통하고 싶다는 열망으로 노동하며 살아간 그 사연들의 세부 사항에 집착하는 사이에 채워진 나의 호기심은 점차 분노로 바뀌었다. 매일 잠을 자거나 낮잠을 잘 때, 때로는 일터와 학교에서, 인턴 활동으로, 공부로 열다섯 시간을 보내고 돌아와 기절하듯 쓰러져 잠들었을 때 조상들과 그들이 몸으로 겪은 일을 꿈꾸었다. 여기에서 이 휴식의 실험이 시작되었다.

대학원 1학년생이었던 2013년의 어느 날이 생각난다. 피로와 끝없는 이동으로 기진맥진한 상태였다. 지금 돌이켜보니 그때 겪고 있던 심각한 단절감의 정체가 보인다. 공부하고 수업 듣고 일하고 육아하면서 열다섯 시간을 보내니 늘 지치고 피곤했다. 하루하루가 이렇게 돌아갔다. 나는 잠시도 쉴 시간이 없는 상황을 받아들였다. 결국 밤이 되어 곯아떨어지면 제대로 쉬었는지도 알 수 없었고 꿈도 전혀 기억나지 않았다. 개학 첫날 나는 일정표를 살피며 다이어리에 일과를 써내려갔다.

오전 5시 30분: 일어나 잠시 공부하고 아들 아침 식사 준비하기.

오전 6시 30분: 아들 깨워서 옷 입히고 7시 30분까지 버스 정류장에 나갈 수 있도록 준비하기(어린이들이 왜 그렇게 일찍 학교에 가야 할까? 과로문화의 뿌리가 공립 학교에 있다는 또 하나의 증거이다).

오전 7시 30분: 버스 정류장까지 걸어가서 버스를 타고 집에서 3킬로 정도 떨어진 기차역 가기(여기까지 걸어가기도 했다).

오전 8시: 기차를 타고 다음 정거장까지 35분간 이동.

오전 8시 40분: 학교까지 직행하는 버스로 갈아타기.

오전 9시: 학교에 도착해 첫 번째 수업 듣기.

오전 10시: 두 번째 수업.

오전 11시~12시 30분: 공부.

오후 12시 30분: 점심.

오후 2시: 세 번째 수업.

오후 3시: 자료실에서 연구 겸 일.

오후 6시: 도서관에서 공부하고 글쓰기.

오후 9시: 집에 가기.

오후 9시 30분~11시 30분: 버스 세 번 타고 기차 한 번 타는 대중교통 이동 시간. 퇴근길 혼잡이 잦아드는 8시 무렵부터는 애틀랜타의 대중교통 운행 간격이 길어져 더

2부 꿈꾸자!

오래 걸림.

자정: 집 도착, 샤워, 간단한 식사 후 취침, 재시작.

오전 6시부터 또 하루 시작.

지금 다시 보니 이런 생활을 육체적으로나 정신적으로나 무너지지 않고 그렇게 오랫동안 견뎠다는 게 믿어지지 않는다. 이 정도가 기본이고 필수 인턴 과정까지 수행해야 하는 토요일과 일요일은 더 **빡빡하게** 보낼 때가 많았다.

나는 학계를 과로문화의 근거지 중 하나로 꼽는다. 피로, 경쟁, 기대, 불균형을 이겨내라는 압박의 진원지. 기말고사 기간에는 침낭을 챙겨 탁자 밑이나 서가에서 자면서 아예 도서관에 죽치는 사람들이 생겨났다. 나도 그런 기간에는 같이 수업을 듣는 이들과 스터디 하느라 무수히 많은 밤을 도서관에서 보냈다. 공립 학교와 고등 교육 과정에서 흔히 경험하는 스트레스, 불안, 과중한 교과 과정, 압박감은 관련자 모두에게 유해하고 위험하지만, 아직 자아가 형성되는 중인 어린이와 청소년에게는 특히 더 유해하다. 꾸준히 얼마만큼 성취할 수 있는지에 따라 자신의 가치가 결정된다는 거짓말에 노출되고, 좋은 성적을 내려고 몸을 한계까지 다그치면서 그 말을 재확인하고 보상받는다.

많은 사람이 백인우월주의의 작동 방식 중 하나인 완벽주의적 삶에 자신을 내던진다. 우리는 문화가 발신하는 해로운 메시지를 내면화하여 업무를 달성하지 못하면 자신을 미워하기 시작한다. 사랑이 결여된 폭력적인 체제로부터 외부 검증을 받고자 한다. 꿈꾸기와 꿈꿀 공간 마련하기는 치유제이자 치료법이다.

공동체 돌봄의 핵심은 사랑의 기운이다. 꿈꾸기는 이 휴식의 저항을 장기간 이어나가는 데 필요한 처방이자 위로이다. 자신과 서로를 사랑하는 것은 지배적인 체제에 더 거세게 대항하는 일이다. 거짓에 매몰된 상태일수록 조종하기 더 쉽기 때문에, 그들은 우리가 아프고 두렵고 지치고 자기를 깊이 사랑하지 못하기를 바란다.

우리가 태곳적 휴식의 진실로부터 얼마나 심하게 괴리되었는지 그 현실을 깊이 들여다보기 위해 2020년 1월에 '부활을 위한 휴식 학교Resurrect Rest School'를 만들었다. 1960년대의 '자유 학교*'를 기리는 뜻으로 지은 이름이다. 깊이 있는 공부와 공동체 돌봄, 자유의 핵심인 교육을 향한 헌신을 지향하는 대안적이고 일시적인 공간. 이런 내용을 염두하면서 **휴식은 저항이다** 개념 틀에 맞춘 특성화된 교육의 필요성을 드높이고자 했다. 집단적 꿈꾸기가 왜 필요한지 깊이 체험할 기회를 제공하고자 했다. 많은 이가 학습의 종착지이자 자본주의로부터의 해방이라고 믿는, 소셜미디어에서 빠르게 소비되는 피상적인 접촉에 대한 반발이다. 여기에서는 형광펜과 볼펜이 놓인 탁자에 둘러앉아 새로운 아이디어를 상상하고, 다 같이 모이는 시간에는 그저 존재하기만 하도록 자신을 가라앉힌다. 누구나 들여다보고 분석할 수 있도록 모두에게 해방의 교재를 배부한다. 허브 차와 건강에 좋은 간식, 동료의식을 공유하며 항상 집단 낮잠으로 마무리한다. '부활을 위한 휴식 학교'는 집중 학습을 통해 우리가 배운 바를 시

---

*   Freedom School. 미국 민권 운동기에 남부 각지에서 무료로 열렸던, 흑인을 위한 일시적인 대안 학교 프로그램이다.

2부 꿈꾸자!

험하고 질문할 공간을 만든다는 면에서 집단 낮잠 체험과는 조금 다르다. 휴식의 사역을 뒷받침하는 이론을 더 깊이 이해할 공간을 제공한다. 문화를 바꾸고 근본적으로 전환하기 위해서는 꿈의 공간에 자주 모여 공부하면서 꾸준히 노력해야 하기 때문이다. 배우고 비우는 과정이다. 사랑하는 과정이다.

이 학교의 첫 시간에 선정한 학습 교재는 벨 훅스의 「자유의 실천으로서의 사랑Love as the Practice of Freedom」이었다. 나는 정의를 추구하는 데서 사랑이 지니는 진정한 힘에 관해 새롭게 생각하도록 이끄는 이 글을 모두가 읽고 숙고하기를 바란다. 벨 훅스는 이렇게 쓴다.

> 사랑 없이는 억압과 착취로부터 자신과 전 세계 공동체를 해방하려는 우리의 노력은 허사가 된다. 해방을 향한 투쟁에서 사랑의 자리를 충분히 고민하기를 거부하는 한, 우리는 대중이 지배의 윤리에 등을 돌리는 전환의 문화를 창출할 수 없을 것이다.[12]

꿈꾸고 쉬고 과로문화의 독성을 거부하는 것은 우리 자신과 공동체를 향한 급진적인 사랑의 행위이다. 나는 반흑인주의, 백인우월주의, 장애차별주의, 가부장주의를 계속 지지하는 한 낮잠을 통해 구원받지 못할 것이라고 말하곤 한다. 이 모든 것은 사랑과 돌봄에 반하는 일이다. 지배적인 체제를 지지하면서 새로운 존재 방식을 꿈꾸려는 시도를 지속해나갈 수는 없다. 우리 자신과 서로를 소진하고 과로문화를 추종하는 채로는 정의가 중심이 되는 세상을 향한 희망을 이야기할 수 없다. 우리의 꿈꾸기는 사랑과 공동체 돌봄을, 우리의 정체성과 태생적으로 부여받은 것들에 대해 백인우월주의와 자본주의가 주입해온 의식의 틈새로 깊숙이 파고들 용기를 중심에 두어야 한다. 꿈꾸기가 저항으로 향하는 길이라는 진실을 깨닫기 전까지는 피상적이고 자기중심적인 사고에 붙들려 있을 것이다. 자유로워지려면 꿈꾸어야 한다.

나는 벨 훅스의 글을 읽고 또 읽어 내 마음의 저수지에 깊이 담아두려 한다. 우리는 직접 영향받고 고통을 느낄 때야 지배와 불의에 맞설 마음을 먹는다는 아픈 지적이 나를 크게 흔들었고, 개인주의는 죽음과 파멸의 길임을 확인하게 해주었다. 이 사랑의 윤리는 사회 변화에 헌신하는 모든 운동의 기초이다. 사랑이 길이다. 휴식 또한 길이라고 나는 믿는다. 공동체 돌봄과 이타적인 열망이 저항으로서의 휴식이라는 발상을 영적, 정치적 수행으로 끌어올려줄 것이다.

저항은 몸과 마음을 연결하는 몸학Somatic 작업이다. 휴식은 당신이 몸과 마음에 연결될 수 있을 정도로 속도를 줄이는 모든 실천이다. 몸을 해방의 장으로 굳게 붙드는 자세이다. 활동적 휴식 또한 가치 있는 휴식이다. 활동적 휴식을 통해 당신은 몸을 움직이고, 수영하고, 걷고, 춤추고, 관문에 다가설 수 있다. 휴식이 무엇이고 무엇이 될 수 있는지 상상하기 시작한 후로 나는 "이것은 낮잠 그 이상입니다"라는 말을 되풀이해왔다. 이것은 탈식민화이자 문화 전환이다. 우리는 실제로 낮잠 자기를 이렇게 설명한다. 지친 몸을 바닥에 누이고 눈을 감고 적정 수면 시간보다는 적게 잠자기. 물론 눈에 보이지는 않아도 생생한 기운으로, 영적으로 느껴지는 신비에 관해서도 이야기한다. 휴식은 반드시 직접 체험해야 한

2부 꿈꾸자!

다. 실천할 것은 휴식이다. 쉬어야만 이 말을 믿게 될 것이다. 과로문화로부터 벗어나는 데 필요한 단계를 생략한 채 꿈꾸기로 돌입할 수는 없다. 내가 해방의 수행으로서 휴식을 사랑하는 이유가 이것이다. 바로 문제의 핵심을 건드린다.

지쳤을 때는 깊고 선명하게 보는 능력이 떨어진다. 과로와 단절의 문화 속에서는 당신의 직관과 상상력이 억눌려 있다. [그 진실을] 살피고 이해하기 위해서는 틈새를 깊이 파고들 준비를 해야 한다. 틈새를 완전히 벌리는 데만 몇 년이 걸릴 수 있는, 평생에 걸친 수행과 돌봄과 창조성의 여정이 될 것이다. 내 삶, 몸, 공동체이므로 붙들고 보호하고 사랑하고 돌보는 것도 내 몫이다. 피로는 우리를 구원해주지 않을 것이며 오히려 과로문화의 손아귀로 더 깊이 밀어 넣기만 할 것이다. 휴식은 지형을 바꾸어놓으며, 우리가 충분히 쉬는 세상의 문을 열 때 우리 손을 잡아주려 한다. 이는 낮잠 그 이상에 관한 것이며, 우리가 끝없이 움직이고 행동하고 미친 듯이 몰두하기를 기대하는 체제에 대한 전면적인 반발이자 정치적 선언이다. 몸의 능력을 발견할 때 우리 몸이 기적이자 유산이며 극한의 힘이 내재한 곳임을, 사랑과 재생의 토대임을 이해하게 된다.

휴식에 대한 우리의 메시지를 완전히 오독하는 사람이 많다는 것을 안다. 지난 몇 년 동안 낮잠사역단 소셜미디어 계정에 나타나는 흐름을 관찰하면서 이 사실을 확인하고 있다. 우리 운동에 담긴 사회 정의와 정치적 맥락을 의도적으로 무시하는 사람이 많았다. 휴식하기를 백인우월주의와 자본주의에 맞추어져 있던 자신의 신념과 행동을 무너뜨리는 혼란스러운 과정의 시작이 아니라, 그저 너무 지쳐 다 그만두고 침대에 누워버리는 것으로 생각하기 쉽다. 실제로는, 그동안 자신이 지배적인 문화의 폭력적 교훈에 따른 훈련에 얼마만큼 속박당하고 제한당해왔는지 파악하는 데 전념해야 한다. 이것은 치유의 사역이다. 정의의 사역이다. 억압적 문화의 관념에 맞설 때 자신이 자본주의 체제의 도구가 되려고 이 땅에 오지 않았음을 깨닫는다. 우리의 신성한 목적은 그런 도구가 되는 것이 아니다. 당신은 일과 노동을 온 존재의 중심에 두기 위해 태어나지 않았다. 치유하고, 성장하고, 자신과 공동체를 위해 봉사하고, 실험하고, 창조하고, 공간을 마련하고, 꿈꾸고, 연결되기 위해 태어났다.

우리의 휴식은 꿈꾸는 시간을 통해 끝없이 이어지고 강화될 살아 있는 기록이자 작업이다. 이 일은 몸으로 실현되고 유지되어야 한다. 영적이고 정치적이며 정의를 추구하는 기원을 지워버리려는 사람들에게 이용당하지 않도록 하자. 꿈의 공간에서의 언어를 얻기 위해 말을 피하자. 우리는 길을 잃었고, 휴식과 돌봄을 옹호하는 방향으로 경로를 재설정하는 중이다. 우리 몸이 자체 GPS 기기가 되어 자연스러운 상태로 우리를 인도하게 하자. 휴식과 연결의 상태. 사랑하고 꿈꾸고 책임지는 상태. 피로의 반대편에서는 무엇이 우리를 기다리는지 궁금해하는 상태.

미묘한 차이가 드러나는 것은 자유로워지는 과정이며 그 자체로 자유임을 우리가 이해하기를 바란다. 틀에 딱 맞아떨어지는 치유란 없다. 누구에게나 고유의 이야기, 역사, 상호 연결된 정체성이 있다. 휴식에는 세뇌에서 벗어나는 자기만의 여정을 만들어갈 자유의 공간이 있다. 이것 아니면 저것이 아니라 언제나 모두 다인 공간. 과로하고 애쓰고 번아

2부 꿈꾸자!

웃을 당연하게 받아들이면서 만성 피로와 수면 부족 상태에 머무를 필요는 없다. 풍성한 삶을 살기 위해 영적, 육체적으로 자신을 죽일 필요가 없다. 이 연결의 작업은 회복하기, 기억하기, 재상상하기, 되찾기, 배상, 구원에 관한 것이다. 길이 없는 곳에 길을 내는 법을 배우고 트라우마의 반대편을 바라보는 일. 살아 있기에 쉴 자격이 있다고 믿는 일이다. 우리 몸과 영혼은 건강하고, 치유하고, 충분히 쉬고, 삶을 옥죄던 생산성의 구속에서 풀려나기를 원한다. 우리는 지금 휴식과 돌봄과 여유를 누릴 자격이 있다. 신성한 거처인 몸을 있는 그대로 존중하는 곳에서 살 자격이 있다. 자본주의는 우리가 기계가 되기를 바란다. 당신은 기계가 아니다. 당신은 신성한 인간이다. 우리는 고요한 시간에 휴식과 돌봄에 푹 빠져들 수 있다. 언어의 힘이라는 또 하나의 도구를 저항의 도구 상자에서 불러낼 수 있다.

더 많은 사랑.

더 많은 돌봄.

더 많은 치유.

더 많은 꿈들.

더 많은 공상.

더 많은 꿈의 공간.

더 많은 명상.

더 많은 사랑.

"기분이 어떠니?"라고 묻는 더 많은 통화.

더 많은 사랑의 편지.

더 많은 베갯머리 대화.

더 많이 사랑할 힘.

더 많은 낮잠.

더 많은 휴식.

더 많은 잠.

더 많은 돌봄.

꿈의 황홀경으로 우리를 데려가는 것들.

우리에게는 부드러움이 있다. 우리에게는 돌봄이 있다. 우리에게는 휴식이 있다. 우리에게는 친밀감이 있다. 우리에게는 공동체가 있다. 우리에게는 잠이 있다. 우리에게는 정의가 있다. 우리에게는 기쁨이 있다. 나는 나보다 앞서 자율성, 주체성, 정의를 쟁취하고자 체제를 전복하는 방법을 찾아낸 이들을 기리는 뜻에서 스스로를 탈출 예술가escape artist라 부른다. 낮잠사역단을 구상하고 만들어낸 것을 나의 궁극적인 탈출로 여긴다. 이 사역은 시인이자 예술가, 활동가, 학자, 연구자, 몽상가, 증언자로 살아온 나의 지난 30년이 완벽하게 버무려진 작업이다. 탈출 예술가가 된다는 것은 짐 크로 테러와 흑인 대이동 시기에 지하철도를 통해 직접 길을 내고 그 위를 떠돌았던, 언제나 생존과 자유를 목표로 삼았던 조상들을 기리며 존경의 인사를 보내는 행위이다. 나는 휴식으로 향하는 길을 따라 떠돌고 싶다. 압제자의 탁자 앞에는 앉고 싶지 않다. 나는 바닷가에 깔린 담요와 베개를 원한다. 나는 쉬고 싶다. 현재 작동하는 해로운 체제에서 벗어난, 충분히 쉬는 세상을 꿈꾼다. 혼란과 기쁨 속에서 휴식의 제단에 몸을 맡긴 이들에게 너무나도 감사한다.

이 책은 자본주의 체제 안에서 휴식을 찾아가는 확고한 과

2부 꿈꾸자!

정을 단계별로 제시하는 책이 아니다. 우리는 이미 폭넓지도 창의적이지도 않은 확고한 이분법에 자신을 내맡겼다. 그렇게 살아온 까닭은 과로문화가 부당하게도 언제나 생산을 향해 조준된 일정표에 따라 삶을 영위하도록 우리를 속이고 조종한 탓이다. 이제는 더 이상 전처럼 꽉 막힌 사고방식을 유지할 필요가 없다. 상상력을 발휘할 때가 되었다. 세계를 이해하기 위해 인간으로서 우리가 누구인지 깊이 들여다볼 때가 되었다. 자본주의는 이제 막 생겨났지만 우리 몸은 고대부터 이어져왔다. 과로문화는 많은 사람이 자신의 진정한 힘을 발견하지 못한 채 지치고 단절되고 트라우마에 시달리며 살아가게 했다. 우리는 자신과 다시 연결되고 꿈꾸기 위해 쉬어야 한다. 우리는 쉴 것이다!

3부
저항하자!

"인간의 몸이 지배의 장소가 된다면 저항의 중심이 될 수도 있습니다."
    — 캐럴 뉴섬 박사, 2016년 에머리 대학에서 '종말론적 상상력' 강의 중

"사람들은 그저 살아남기 위해 극한의 노력을 기울여야 하는 상황에 내몰려 있지 않을 때라야 단순한 육체적 생존 너머의 목표를 선택할 수 있다."
    — 하워드 서먼

미국의 도망노예들, 몸학Somatics, 제3의 공간Third Space에 영감을 받아.

우리는 왜 저항하는가

저항은 휴식의 메시지에서 그리고 인간으로서 우리 삶에서 핵심적인 사상이다. 나는 과로문화의 세뇌와 사회화가 우리가 태어날 때 이미 시작되며 내 아들의 경우처럼 때로는 태어나기 전부터 시작되기도 한다는 점을 자주 이야기한다. 우리는 보이지 않지만 노골적인 방식으로 늘 저항하고 있다. 영혼은 이미 과로문화가 우리의 신성을 훼손하고 학대하고 압박하는 방식에 저항해왔을 가능성이 매우 높다. 나는 우리가 저항하는 이유는 다르게 바라보라는 영혼의 요청 때문이라고 믿는다. 영혼은 우리의 중심이다. 살아가는 데 필요한, 눈에 보이지 않는 명확하고 조용한 힘. 휴식과 마찬가지로 영혼은 길을 안다. 그렇기에 영혼을 돌보지 않거나 영혼이 있다는 사실조차 인지하지 못하면 타고난 내면의 앎을 소유할 수 없게 된다. 휴식은 의식적으로 당신의 가장 깊은 곳에 세심한 주의를 기울이므로 영혼을 돌보는 일이다. 휴식은 영혼을 돌보는 일을 우리의 안녕과 해방의 중심에 둔다. 자신이 누구이며 어떤 존재인지 바라보지 못하게 막는 해로운 체제에 저항하지 않고서는 누구도 자유로워질 수 없을 것이다. 자신의 영혼에 대해, 휴식이 어떤 식으로 위로하고 치유하며 과로문화 속에서는 절대로 느끼지 못하게 가로막혀 있던 것들을 밝혀낼 수 있는지에 대해 호기심을 품어야 한다.

3부 저항하자!

몸은 우리에게 나눠줄 정보를 지니고 있다. 영혼은 우리의 기초이며 휴식을 향한 저항의 여정에 토대를 제공한다. 인생을 탐험하는 근간인 영혼은 유사 이래 신학자와 종교 지도자에게는 수수께끼이기도 했다. 많은 이가 영혼이 정체성의 중심이며 자기 몸에서 가장 아름답고 강력한 부위라고 주장했다. 당신의 영혼은 무어라 말하는가? 당신의 영혼은 과로문화의 폭력에 이미 조용히, 무의식적으로 저항하고 있는가? 저항으로서의 휴식이라는 개념이 이해하기 어려운 방식으로 감동을 주기 때문에 매력적이라고 느끼는가? 자기 삶의 속도를 관찰해보고, 그것이 영혼에 맞지 않다고 느낀 적이 있는가? 나는 쉬지 않는 것은 거짓 저항이며 휴식이 주는 돌봄이 없으면 영혼이 죽고 만다는 사실을 우리 영혼이 알려주고 있다고 믿는다. 그래서 우리는 외적, 내적으로 저항한다. 우리가 저항해야 하는 이유이자 충분히 휴식하는 인간적인 세계로 우리를 인도하는 영혼의 나지막한 소리에 귀 기울여야 하는 이유이다.

내 영혼의 탐정
미지의 존재를 사랑하는 자
유령을 믿는 자
그들이 나는 무섭지 않네
우리 영혼은 깊으니 언제나 저항하지
장막은 얇고
휴식이 그 장막을 걷어내네
나는 내 영혼에 이렇게 요청하지
"정말로 무슨 일이 벌어지는지 알아보는 눈을 다오.

제3의 눈. 마음의 눈을 다오."

이야기에는 언제나 더 많은 것이 담겨 있지

거짓말에는 언제나 더 많은 것이 담겨 있지

누가 말하느냐에 따라 달라지는

그 가혹한 진실을 나는 염려하네

망각에 맞서는 우리의 단호한 의지

"우리는 쉬기 위해 태어났다. 저항하기 위해 태어났다."

알려지지 않은 이야기들

남겨진 조각들

영혼의 돌봄

신성한 휴식의 권리를 되찾는 일

휴식은 저항이다 개념 틀에서 저항은 이 사역을 정치 및 사회 정의 운동으로 확장하는 요소이다. 저항은 거부, 탈출, 영외 접속outlier connection의 정치로 이루어진 흑인 해방의 오랜 전통 위에 존재한다. 저항을 생각할 때면 나는 흑인을 배척하는 해로운 세계에서 우리 가족과 조상들이 다채롭게 삶을 재구성하고 재상상한 그 모든 다양한 방식을 머릿속으로 그려 본다. 기쁨과 자유의 공간을 창조하기 위해 틈새를 깊이 파고들던 방식. 자신만의 지능과 지성과 창조성을 발휘해 길이 없는 곳에서 길을 낸 재주꾼들. 이전에도 그랬고 지금도 이 세계의 길과는 무관한 길을 내려고 하다 보니 늘 새로운 길을 뚫는 것이 일상적인 의례가 되었다.

앞에서 누차 말했듯이 이것은 낮잠 그 이상에 관한 일이다. 식민화를 벗어나 공포와 거짓말에 노출되기 전의 자연스러운 상태로 돌아가는 심오한 여정이다. 저항한다는 것은 지

3부 저항하자!

금 당장 번성하자는 강렬한 제안에 마음을 여는 것을 의미한
다. 정의를 가로막는, 영적 결핍에서 유래하는 해로운 문화
의 허락을 기다리지 않는 것이다.

저항으로서의 휴식이라는 개념은 늘 내 마음속에 존재해
왔지만, 지하철도에 관해 진지하게 상상해보고 북미의 도망
노예로부터 커다란 영감을 받으며 영혼에 귀 기울이다 보면
그 개념을 더욱 깊이 파고들게 된다. 이 작업에 영감을 준 여
러 인물 중에 해리엇 터브먼이 있다. 자유와 죽음 사이의 선
택에 몰두했던 노예 여성. 진정한 삶은 노예 생활에서 겪는
트라우마의 반대편에 있음을 마음으로 알았던 사람. 해리엇
터브먼은 지하철도에서 사람들을 인도하는 동안에도 시간
을 내어 귀를 기울이고 전략을 세우고 기도를 올렸다. 자연
에 귀 기울이고 부엉이 소리를 쫓아 걸음을 멈추었고, 별들
과 자신의 영적 세계에 깊이 몰입했다. 나는 터브먼이 자유
를 향한 여정 내내 한 번도 경찰에 잡히지 않은 이유는 멈춰
서고 귀 기울이고 기도했기 때문이라고 믿고 싶다. 나는 전
복적이며 굳세게 속박을 거부한 터브먼의 기운에 기대고 있
다. 이 거부와 탈출의 기운이 저항으로서의 휴식에 대한 나
의 개인적인 실험의 근간이자 낮잠사역단의 출발점이다. 저
항은 재창조와 연결의 가능성을 열어주는 풍부한 영적 자세
이다. 자신이 신성하며 소중한 존재임을 알면 억압적인 체제
의 거짓말을 거부할 수 있게 된다. 체제를 향해 "아니, 넌 나
를 가질 수 없어. 내 몸은 내 것이야. 절대로 과로문화에 바
치지 않을 거야. 난 쉴 거야"라고 선언하는 것은 수 세기에
걸쳐 몸을 억압의 도구로 사용해온 체제에 던지는 대담한 정
치적 선언이다. 더 생산성 있는 몸을 준비하기 위해서가 아

니라 휴식은 신성한 권리이므로 몸을 누이자는 것이 핵심이다. 우리가 펼치는 휴식 운동은 생산성에 초점을 맞추지 않는다. 집단적 휴식에 기반한 정치 및 사회 정의 운동이다. 우리는 다 함께 저항해야 한다. 다 함께 해방되어야 한다. 다 함께 쉬어야 한다.

우리는 백인우월주의, 자본주의, 장애차별주의, 가부장제, 계급차별, 반흑인주의, 동성애 혐오 등을 뒤흔들고 밀어내면서 이 폭력적인 체제에 대항해나갈 것이다. 보살피고 쉬면서, 여가와 여유를 누릴 신성한 권리를 훼손하거나 무시하는 모든 체제를 파헤쳐 드러내야 한다. 우리를 불행하게 만드는 체제의 해체를 외치지 않는 얄팍한 웰니스 사업은 이만 끝낼 때가 되었다. 우리는 체제를 비판하고 추궁해야 한다. 문제의 근원이 거기에 있다.

미국 도망노예의 사연은 우리 문화에 잘 알려지지 않은 숨겨진 역사이다. 이 역사는 내가 휴식과 해방 사이의 점들을 연결하기 시작할 때 저항을 이해하는 토대가 되어주었다. 도망노예는 동산 노예제의 일부가 되기를 거부함으로써 그 체제의 공포에 대응한 흑인들이었다. 거의 두 세기에 걸쳐 그들은 다시는 붙잡히지 않겠다는 마음으로 북미 해안에 도착한 노예선에서 뛰어내리고, 조직적으로 플랜테이션 농장을 떠나 남부의 동굴과 깊은 숲속으로 숨어들고, 노예제 바깥에서 자신들만의 공동체를 형성하여 도망자가 아니라 기쁨과 자유의 임시 공간인 제3의 공간에서 살아가는 존재가 되었다. 공동체 안에서 자신과 서로를 해방했다. 그들은 두 세계에 존재했다. 동산 노예제의 세상에 존재하되 거기에 속하지 않았다. 플랜테이션 노동의 폭력적 체제에 에워싸였으면

3부 저항하자!

서도 자율성과 주권을 주장했다. 체제를 향해 "아니, 넌 나를 가질 수 없어. 난 네 것이 아니야"라고 선언하고 이를 온몸으로 실현했다. 내가 미국 도망노예에 관해 처음 알게 된 것은 2014년 뉴올리언스에서 일주일간 진행된 흑인 토지 해방 분야 조직가 연수 프로그램에 참여했을 때였다. 40대에 접어들 때까지 미국 역사를 연구한 학자이며 대학원에서 흑인 해방에 관해 공부하고 있던 내가 그 연수 프로그램에 참여하기 전까지는 이 엄청난 역사를 들어본 적이 한 번도 없었다는 사실을 결코 가벼이 여겨서는 안 된다. 미국인은 자국의 역사를 잘 모르고 세계사에는 더욱 무지하다. 우리는 자신이 누구이며 어디에서 왔는지, 이 사실이 오늘날 어떤 의미를 지니는지 알지 못한 채 지치고 단절된 상태로 일상을 버티고 있다. 역사를 지극히 세밀한 수준까지 제대로 알면 가능성, 동기, 청사진, 지침, 영감으로 가득한 우물의 문을 열 잠재력을 얻게 된다.

나는 미국 도망노예의 능력에서 영감을 받은 덕분에 자본주의 체제 속에 살면서 휴식을 재상상한다는 개념을 발굴했다. 만약 내게 이 사역과 관련해 읽어야 할 자료를 묻는다면 주저 없이 실비안 A. 디우프의 책 『노예 탈출: 미국 도망노예 이야기Slavery's Exiles: The Story of the American Maroons』를 들겠다. 이 책은 저항의 방법이 집약된 자료이다. 도망노예가 살아남고 번성하기 위해 스스로 조직화한 방식이 놀랍다. 그들이 자신의 자유를 시험하고 자율성을 되찾고자 억압적인 세계 안에서 완전히 새로운 세계를 만들어낸 방식을 보면서 영적으로, 또 형이상학적으로 우리가 의식적인 휴식으로 향하는 길을 재상상하고 변형할 방안을 떠올린다.

◇

나는 몇 달이나 고민한 후에야 도망노예들이 새로이 빚어내고 있던 것이 무엇이었는지 이해할 수 있었다. 그들은 달아난 것이 아니라 노예 역할을 거부하고 플랜테이션 농장을 집으로 삼지 않기로 했을 뿐이다. 내가 꾸준히 과로문화로부터 벗어나려 애쓰며 스스로를 바라본 방식과도 직결되는 태도이다. 자본주의가 전 지구적으로 맹렬히 기세를 떨치는 지금 당장 휴식을 얻고자 한다면 자신을 다른 시각으로 바라보아야 할 것이다. 그러면 세상이 달라질 것이다. 우리는 다르게 행동해야 한다. 다르게 선택해야 할 것이다. 다르게 저항할 기회, 대안적인 휴식의 방법을 상상할 기회를 얻을 것이다. 우리는 계속 진실한 것에 전념하며 다른 사람들이 쉴 공간을 만들어야 한다. 과로문화의 공포에도 불구하고 우리는 쉰다. 할 수 있다면 어디서나 휴식의 순간을 누리고 배치하고 만들어낸다. 신성한 휴식의 권리를 되찾고 공동체 돌봄에 참여하는 데 계속 헌신해야 한다.

육체적으로는 여전히 과로문화 속에서 살아가더라도 영적으로는 그 기만을 끊어내야 한다. 내면 깊은 곳에서 형이상학적으로, 영적으로 거부하는 방법을 개발해야 한다. 자본주의는 우리가 죽기 전에는 무너지지 않을 수 있는 데다 고쳐 쓸 수도 없으니, 우리가 할 일은 상상하지도 못할 것 같던 방식으로 자기 몸과 시간을 되찾는 것이다. 우리는 상상해야 한다. 지금 휴식하고 저항해야 한다. 충분한 휴식과 돌봄의 순간을 누리게 해줄 능력자를 기다릴 여유가 우리에게는 없다. 기다리려 하다가는 매일의 고역에 영원히 붙들릴 것이다. 지금 저항한다는 것은 휴식을 재상상해낸 삶의 방식으로 삼아야 한다는 뜻이다. 미국 남부의 도망노예와 마찬가지로

3부 저항하자!

나의 휴식 수행은 과로문화에 빼앗겼던 정신적, 감정적 영적 재능을 재발견하면서 시작되었다. 나는 점점 한계에 몰렸고, 지칠수록 영은 "그만. 속도를 줄여야 해. 조금만 쉬어"라고 속삭였다. 나는 그 말을 따랐다.

　나는 지배적인 문화의 거짓말에 세심하게 저항하는 공간을 마련하는 탈세뇌 과정을 당신에게 제안하고 싶다. 이것은 거룩한 공간이다. 창조적이고 창의적이고 혁신적이며 포괄적이고 변화하는 공간이다. 여기서는 아주 많은 것이 가능하다. 속도를 줄이는 일의 반대편에 무엇이 있을지 두려워하지 말고 재능과 타고난 장기를 펼칠 수 있는 성스러운 공간으로 여겨보자. 과로문화는 두려움을 유일한 나침반으로 두어 우리를 옴짝달싹 못 하게 만들고 길들였다. 급박하게 돌아가는 해로운 문화 속에서 휴식의 과정을 시작하고 이어가기 위해 상상력을 유일한 나침반으로 삼아야 한다. [상상력은] 휴식을 통해 스스로에게 사랑을 전할 때 자신의 모든 존재를 하나로 붙들어줄 접착제이다. 지금 당장 과로문화 너머의 삶을 상상하자. 당신은 스스로 믿는 것보다 더 대단한 존재이므로 그렇게 할 수 있다. 우리는 스스로 믿는 것보다 더 대단한 존재이다. 과로문화 너머에서 어떤 해방을 일구어낼 수 있을까? 휴식을 얻기 위해 자신이나 타인과 어떤 정보를 주고받을 수 있을까? 필요한 것을 다 갖고 있다면 어떤 기분일지 상상하면서 천천히 시작할 준비가 되었는가? 휴식을 시도할 만큼의 호기심이 일어나는가?

　휴식 수행을 시작할 때 나는 신학대 캠퍼스에서, 또 귀가 직후 집에서 15분씩 낮잠을 잤다. 공부하기 전에도 쉬었다. 공강 시간에 야외에 앉아 하늘을 바라보는 시간도 가졌다.

전날 밤 겨우 네 시간 자고 하루를 바삐 보내는 와중에도 자연에 둘러싸여 천천히 호흡하면 삶이 달라졌다. 밖으로 나갈 수 없을 때는 창밖으로 시선을 돌려 제일 좋아하는 나무의 잎이 바람에 흔들리는 모습을 지켜보곤 했다. 창이 없으면 발레 수업에서 배운 기법, 출산 워크숍에서 배운 몸학 수련법과 호흡법을 실시했다. 이 세 가지는 모두 극도의 집중력, 호흡 조절, 균형 감각이 필요한 수행법이다.

나의 멘토였던 한 선배는 이렇게 조언했다. 머리에서 벗어나 몸으로 들어가는 법을 찾지 못하면 신학대 과정이 매우 힘겨울 거라고.

이 조언은 내가 예술가로 성공하는 데도 중요한 역할을 했다. 신학대 시절에 나는 매일 공부와 독서에만 몰두하는 사이에 팽팽해진 머릿속을 정돈해보려고 춤과 몸학 수업을 들었다. 신학대 대학원생은 다른 학과의 수업에도 등록할 수 있다는 사실을 알고 곧바로 무용학과로 달려가 학부 전공생들의 발레 수업을 듣기 시작했다. 이 수업으로 몸에 무엇이 있고 무엇을 할 수 있는지 잘 알게 되었다. 일주일에 세 번씩 발레 바barre 앞에서 피아니스트의 연주에 맞춰 춤을 추다 보니 맹렬한 폭풍 속에 닻을 내린 듯한 고요한 안정감이 느껴졌고 나 자신이 달라졌다. 우리는 발레 기본 자세를 배우고 턴 동작을 완성하기 위해 시선을 고정하는 법을 익혔다. 고개를 제 위치에 고정하고 무용실 벽면에 있는 물체 중에서 눈높이에 맞는 대상을 찾았다. 시야에 들어오는 것은 대개 작은 점이나 얼룩 따위였다. 수업을 거듭하는 사이에 나는 시선을 돌려 내면에 집중했다. 내면을 들여다보는 순간 마음이 안정되곤 했다. 한 학기 동안 이런 연습을 하고 나니 몸

141

3부 저항하자!

이 자연히 떠올라 돌아갔다. 귀 기울이고 따른다는, 쉽지 않은 과정이었다. 발레 강사는 늘 이렇게 말했다. "내면으로 들어가 몸과 마음을 연결하지 않으면 턴이 완성되지 않을 거예요." 나는 벽을 뚫을 기세로 시선을 고정한 채 몸을 돌려, 빠르게 회전하는 머릿속에서 변해가는 궤적을 눈이 따라 돌아와 원래의 지점을 찾을 때까지 턴을 한 다음 처음 자세로 돌아갔다. 턴 동작은 휴식에 기반한 저항의 수행에 꼭 들어맞는 은유이다. 과로문화의 관념에 저항하려면 침묵에, 충분히 쉰 몸에서 나오는 힘에 단단히 발 딛고 서야 한다.

턴을 유도하기 위해 물체에 고정한 시선. 몸을 추월할 듯이 빠르게 돌아오는 머리. 턴의 시작부터 끝까지 머리, 배, 발끝을 하나로 연결하는 그 모든 급진적인 역학은 휴식을 얻는 과정으로 변환하기에 적절한 사례였다. 연결하고 도는 것만으로 회전, 전환, 도약을 이룰 수 있음을 알고 나니 마음이 편해졌다. 자기 몸과 연결되는 것은 영적인 체험이다. 나는 몸으로 예술을 구현하는 창조적인 과정에서 완전히 길을 잃었다가 되찾을 때보다 창조주와 가까워진 느낌을 받은 적이 없다. 중력을 거스르며 한쪽 다리로 360도 회전을 해내려면 극도로 집중하고 믿고 내맡겨야 한다. 언제라도 쉴 수 있다는 깨달음은 내 영혼에 혁명과도 같았다. 이 또한 우리의 몸과 영혼의 힘에 깊이 내맡겨야 하는 일이다. 당신은 휴식을 얻기 위해 내면으로 들어가는 자신을 믿을 것인가?

그리하여 이미 긴 하루를 보냈는데도 침대에 눕지 못하고 여섯 시간이나 더 버텨야 할 때면, 나는 내면을 들여다보고 호흡에 집중하면서 휴식을 취하는 나의 몸을 그려보곤 했다.

단 몇 분 만이라도 트라우마를 유발하는 일들로부터 꾸준

◇

히 시선을 거두어 내면에 집중하는 것이 해방적 휴식이다. 멈추지 않고 헤쳐나가는 도중에 입은 피해를 복구하는 데 중점을 둔 생각의 전환이자 몸과 마음과 협력하는 작업이다. 과로문화는 노동과 일이 중심이 되지 않는 모든 것을 무시하기를 요구한다. 기계 속도로 밀어붙이는 체제 속에 살면서 그 체제에 저항하는 일은 느리고 치밀한 행동이 될 것이다.

과로문화 속 삶이라는 환상은 통제의 신화를 제공한다. 우리 중 많은 이가 자동화된 로봇이나 기계로 살아가며, 거기에는 삶 속으로 들어가는 데 필요한 신비의 마법이나 영이 설 자리가 없다. 속도를 줄이라는 몸의 요구를 외면할 때 우리는 살아 있는 존재로서 부여받은 내면의 지혜를 무시하게 된다. 그래도 우리는 이런 현실을 바꿀 능력을 갖고 있다. 날 때부터 백인우월주의와 자본주의에 의해 속고 조종당하지는 않았다고 믿는다. 우리는 이 체계적인 세뇌의 증거에 감사해야 한다. 한번 깨닫고 나면 이전으로 돌아갈 수 없으니, 나는 우리 모두가 인간을 정신적, 신체적으로 불행하게 만드는 세상에서 살고 있음을 분명히 깨닫고 집중하기를 바란다. 모두 어떤 식으로든 이 병의 조각들을 품고 있다. 이제껏 우리는 농락당했다. 사람들이 사고의 틀을 깨고 식민화를 벗어나도록 돕기 위한 돌봄 체제를 만드는 일이 너무나 중요한 이유가 여기에 있다. 자본주의 체제 속에서 우리가 사는 방식은 어느 하나 정상적이지 않다. 당신이 온 마음으로 이 사실을 느끼기를 바란다. 당신은 무가치한 존재가 아니다. 무가치한 것은 체제이다. 자신과 동료 인간들에 대한 거짓말을 믿게 만드는 억압적 체제의 공포를 겪기 전에 당신은 어떤 존재였는가? 지금까지 자신의 가치와 존재에 관해 어떤 말을 들어

3부 저항하자!

왔는가? 과로문화의 울타리를 뛰어넘을 공간을 어떻게 확보할 것인가? 어떻게 공간을 만들 것인가? 어떻게 집을 지을 것인가? 어떻게 우리가 살고 싶은 세상을 구축할 것인가? 어떻게 해야 전복적이고 유연해질 수 있을까? 어떻게 우리에게 꼭 맞는 저항의 방식을 만들어낼 것인가?

저항은 영적 수행이자 실전 안내도이다. 우리는 나아가면서 길을 닦는 법을 익힌다. 편안한 상태를 찾고 발명함으로써 저항한다. 자율성과 여가를 되찾음으로써 저항한다. 몸이 휴식을 요구하면 유연하게 변신할 태세를 갖춘다. 나는 언제나 북미 도망노예의 탁월함에서 저항의 핵심 기술을 배운다. 그들은 두 세계에서 살고 번성하면서 안전한 공간을 마련했다. 플랜테이션 농장에서 몇 킬로미터 거리에, 때로는 농장 바로 뒤, 숲으로 가려져 맨눈으로는 잘 보이지 않는 깊은 곳에 조성한 대안적 공간을.

도망노예들은 동굴에 살기도 했다. 조지아주 리치먼드 카운티의 조시가 경험했듯이 동굴은 나무보다 더 넉넉하고 숨기 좋은 천연 은신처였다. 조시는 원래 속이 빈 나무 둥치에 숨어 지내려 했지만 똑같은 생각으로 찾아온 곰과 마주치는 바람에 다른 거처를 찾아야 했다. 그래서 주인의 농장 가장자리에 늘어선 커다란 동굴 중 하나가 조시의 은신처가 되었다. 조지아주 밸리의 조지 웜블은 자기네 농장 근처 동굴에서 아이들을 키우며 지내는 부부를 알고 있었다. 이들은 입구를 굉장히 잘 가려둔 덕에 포획망을 피하는 데 성공해 남북 전쟁이 끝난 후에야 모습을 드러냈다.[13]

일상에서 끊임없이 당신을 끌어당기는 과로문화의 힘에 어떻게 저항할 수 있을까? 자기 몸과 마음을 연결하는 데만 집중할 수 있는 순간이 있는가? 좀 더 속도를 줄일 수 있는가? 좀 덜어낼 수 있는가?

우리 문화 전반에 장착된 폭력적인 체제에 어떻게 저항할 것인가? 실제로 어떻게 쉴 것인가? 우리는 재상상하기로 그 일을 해낸다. 저항을 중심에 둔 급진적 믿음과 끊임없는 실험으로 천천히 그 일을 해낸다.

자본주의 체제를 움직이는 동력을 속속들이 알기에 우리는 저항, 상상, 재상상, 발명, 유연성, 전복성에 의지해나간다. 휴식의 재상상은 다양한 모습을 띤다. 가능성이 무궁무진하다. 휴식은 몸과 영혼이 무엇을 원하는지 다가가 귀 기울이는 것일 수 있다. 목욕 중에 잠시 짬을 내거나 10분 만이라도 고요히 집중하는 것이다. 여유롭게 산책하거나 춤추는 것이다. 따뜻한 차를 한 모금씩 마시며 명상할 수 있는 찻자리다. 이메일에 즉답하지 않고 건강한 거리를 유지하는 것이다. 당신이 관계 맺는 사람들의 경계를 존중하는 것이다. 긴급하게 움직이기를 거부하는 것. 소셜미디어를 멀리하는 해독이다. 개인적 트라우마에 귀 기울이고 치유하는 것이다. 타인의 기운에 기대지 않고도 자기 내면의 앎을 지켜볼 수 있도록 일기를 쓰는 것이다. 휴식은 우리가 이대로 충분하며, 영혼을 돌보는 것이 치유의 계획에서 중요한 위치를 차지한다는 사실을 알도록 영을 다독여 북돋운다.

낮잠을 통해 다가갈 수 있는 꿈과 비전의 공간이 존재한다. 낮잠을 자지 않으면 희망하고 상상할 소중한 창조적 시간을 놓치게 된다. 희망이 우리를 지탱해줄 것이다. 수면이

3부 저항하자!

우리를 회복해줄 것이다. 마음의 평화는 우리를 최상의 상태로 끌어올리는 동시에, 수면 부족과 피로와 번아웃의 트라우마로 영이 죽지 않도록 영적으로 우리를 지켜줄 것이다. 우리는 쉬고 속도를 줄이라는 몸의 요구에 귀 기울일 때 찾아오는 내적 평화의 중요성을 집단적으로 꾸준히 강조해야 한다. 여기가 바로 영적인 앎이 자리하는 곳이며, 귀 기울이지 못하게 막는 모든 것에 저항해야 하는 이유도 여기에 있다. 우리가 사는 해로운 세상의 긴박한 속도에 저항하도록 애정을 품고 영혼을 훈련해야 하며, 우리 자신으로 돌아갈 길을 찾고 또 찾아나가야 한다.

저항의 토대는 연결하고, 귀 기울이고, 기계처럼 갈리느라 입은 피해를 복구하는 우리의 능력에 있다. 우리의 집단적 휴식은 자본주의의 폭력에 대한 명상이자 대항이다. 자본주의는 저항과 파괴에 직면해야 마땅하다. 우리의 시간과 능력을 끊임없이 탈취하는 전 지구적인 폭력이다. 교정이 불가능하며, 언제나 신성한 몸들을 벼랑 끝으로 밀어 넣는 사악한 힘으로 작용해왔다.

나는 책 『노예 증언』을 계속 탐구하는 사이에 쉬어야 한다는 몸의 신호에 스스로 어떤 반응을 보이는지 깊이 인지하게 되었다. 또한 자본주의가 노예제 시대에 조상들에게 가한 폭력을 내가 어떤 식으로 되풀이하고 있는지 똑똑히 보았다. 그 책은 증인이자 거울이었고 지금도 그러하다. 노예가 된 사람들이 뙤약볕 아래에서 하루에 스무 시간씩 일했다는 사실을 그 책을 읽으면서 알게 되었다. 매일 새벽 4시부터 자정까지 일했다는 기록은 상상도 할 수 없을 만큼 충격적이었다. 나는 플랜테이션과 테러의 유산을 간직하고 있는 남부

조지아주에 산다. 여름철 이곳 날씨는 견딜 수 없을 만큼 가혹하다. 어느 무더운 여름날 숨을 헐떡이며 야외에 앉아 있다가 이런 더위 속에서 매일 스무 시간씩 일한다는 게 얼마나 끔찍한 일일지 떠올렸던 기억이 난다. 이런 미친 짓을 견뎌야 했던 조상들을 상상하니 목이 메고 눈물이 흘렀다. 플랜테이션 농장주들이 인간의 몸이 어디까지 견딜 수 있을지 실험하려고 조상들의 몸을 기계의 생산 속도로 일하게끔 몰아갔다는 사실을 알게 된 뒤 느낀 슬픔은 영원히 내 몸과 마음에 새겨져 있을 것이다.

임신과 출산을 견뎌낸 흑인 여성으로서 나는 기록을 통해 임신한 여성 노예의 삶으로 들어가보았다. 출산 직전까지 밭에서 일하다가 그대로 아이를 낳은 사례가 많았다. 임신한 여성이 아홉 달 동안 플랜테이션 농장에서 일하다가 그 자리에서 출산까지 하는 모습을 떠올려보니 이해할 수도, 믿을 수도 없어 현기증이 났다. 누구나 이 끔찍한 현실에 마음속 깊이 충격을 받을 것이다. 극도의 과로로 내몰리고 있다고 느낄 때마다 나는 이 역사를 떠올리며 우뚝 멈춰 서곤 했다. 그러면 저항이자 항거로서의 휴식을 지향하려는 의지가 더욱 굳건해졌다. 더 이상은 그렇게 살 수 없고, 앞으로도 그러할 것이다. 나는 이 역사와 현재의 삶을 몸과 마음으로 연결했다. 나는 저항할 것이며 무슨 일이 있더라도 쉴 것이다.

다음 인터뷰는 1855년에 노예제 폐지론을 지지했던 어느 언론인이 기록한 것이다. 그는 이전에 노예로 살았던 사람을 백 명 넘게 인터뷰했는데, 그중에서 조지아주에서 태어나 사우스캐롤라이나주에서 노예 생활을 했던 해리 맥밀런과의 인터뷰에서 발췌한 인용문이다. 맥밀런은 플랜테이션 농장

3부 저항하자!

노동자였다. 이러한 당사자의 이야기가 휴식, 속도 줄이기, 연결하기에 전념하려는 나의 다짐을 강화한다.

> 질문: 하루에 몇 시간씩 일했습니까?
>
> 답변: 예전 남부 연합secesh 시절에 매일 아침부터 밤까지. 동틀 때 시작해서 저녁 5~6시까지 계속 일했습니다.
>
> 질문: 그래도 식사 시간에는 쉬었겠죠?
>
> 답변: 괭이를 옆에 두고 서서 음식을 먹어야 했습니다. 각 자 밤에 직접 음식을 준비하기도 했고, 일꾼들이 먹을 음 식을 요리할 늙은 여자를 한 명 정해둔 경우에는 그 여자 나 일꾼의 자식들이 밭으로 음식을 날랐습니다.
>
> 질문: 앉아서 식사하거나 가족이 둘러앉아 먹는 경우는 없 었습니까?
>
> 답변: 전혀요. 그럴 시간은 없었습니다.[14]

삶(휴식)이 그다지 보이지 않을 때는
죽음(과로)이 대안이 된다.

미국에서 흑인 여성으로서 내가 경험한 것들을 바로잡기 위 해 휴식을 이용하기. 내가 보고 싶은 세상을 구축하기 위해 휴식에 참여하기.

나는 자본주의와 백인우월주의의 폭력이 아니라 우리의 신성과 깊이 연결된, 충분히 쉬는 세상을 보고 싶다. 이 사역 은 흑인 저항, 흑인 연구, 흑인 역사, 흑인 리더십, 도망노예 그리고 지배적인 문화 밖에서 돌봄 체제 구축하기의 심오한 미학을 따른다.

나는 휴식이 생존에 어떤 역할을 하는지에 관한 실험을 시작할 때부터 거부의 정치를 내세웠다. 과로문화를 거부하자는 요청. 무슨 일이 있더라도 일시적인 휴식 공간을 만들기위해. 정지 버튼이 없는 곳에서 번성하기 위해 정신적으로 시도하는 심오한 사고의 전환이다. 제3의 공간이자 영적인 장소이다. 이 속도가 지속 가능하지 않다는 사실을 직관적으로 아는 것이며, 일단 다가가면 열리는 거부의 정치다. 모든 문화가 협력해 과로를 유도하는 상황에서 만만한 작업은 아니다. 저항은 대단히 개인적으로, 내면적으로 진행된다.

백인우월주의와 자본주의는 영적, 직관적 영역에서 연결되지 못하도록 우리를 갈라놓았다. 우리는 개인주의를 신봉하도록 그리고 이를 바탕으로 구축된, 모든 일이 지금 당장 완료되어야 한다는 거짓된 현실을 믿도록 사회화되었다. 이 속도에 발맞추기 위해 더 많은 일을 하고 있다. 하지만 조상들이 이미 우리를 대신해 노동해왔음을 아는 것이 영의 할 일이다. 우리는 휴식을 통해 이 관문에 다가설 수 있다. 현 체제 속에 사는 인간의 눈으로는, 단절되고 지친 몸으로는, 우리가 건설하려는 새로운 세계에 결코 이르지 못할 것이다. 소진되고 쫓기고 지친 상태로 어떻게 해방된 세계를 상상할 수 있겠는가? 불가능한 일이다. 순전히 사기다.

모두가 휴식을 누리는 세상을 상상하기 어렵다면 경찰 없는 세상*은 어떻게 꿈꿀 수 있을까? 자신과 타인의 몸조차

---

* world without police. 미국에서 인종차별적 폭력을 막기는커녕 주도할 때가 많은 경찰의 문제를 제기하는 표현으로, 2021년 조지 치카리엘로 마허가 출간한 책 제목이기도 하다.

3부 저항하자!

돌보지 않는다면 돌봄 체제를 어떻게 구축할 수 있을까?

휴식은 세심한 사랑의 실천이다. 자본주의적, 백인우월주의적 체제에서의 삶이라는 폭력에 시달리는 우리 몸을 고치는 일이다. 몸을 그저 이용하고 소유할 도구로만 여기는 곳에서 자신과 타인을 향하는 급진적인 사랑이다. 나는 우리가 이런 체제의 소유물이 아니라고 믿는다. 나는 가족과 조상들이 남긴 증거를 따라간다. 휴식을 따라, 계획을 세울 공간이자 잠자고, 쉬고, 발명할 공간인 꿈의 공간을 따라. 휴식은 발명과 상상을 가능케 한다. 휴식은 자유를 시험할 능력을 준다. 우리의 영혼이 요청한다. 다르게 바라보라고. 다르게 움직이라고. 다르게 느끼라고. 쉬라고. 전복적 행위. 가장 깊은 저항의 행위로서의 휴식.

돈과 재산이 없다고 해서 인간으로서 자신의 가치를 부정적으로 생각하지 말자. 신용 점수, 인간이 초래한 가난 그리고/또는 인종차별주의가 자기 능력의 한계를 정의하도록 허용하지 말자. 당신의 몸은 해방의 장이다. 자신의 진정한 능력 안에서 쉬자. 당신은 우연히 태어난 존재가 아니다. 당신이 이 땅에 온 것은 신성한 사건이다. 하지만 그들은 다르게 말할 것이다. 그들 말에 귀 기울이지 않고 자기 삶을 지키기 위해 싸우면 인생의 교훈을 얻게 될 테다. 당신은 그 이상의 존재이다. 당신은 쉴 수 있다. 변할 수 있다. 치유할 수 있다. 저항할 수 있다. 지금 당장 몸을 누일 수 있다. 만약 누워도 괜찮은 안전한 공간에 있다면 누워서 이 책을 읽기 바란다. 기댈 만한 곳이 아니라면 그냥 호흡을 늦추어보자. 편히 쉬며 잠자기에 가장 좋은 공간을 떠올려보자. 마음으로 그곳에 가자. 당신이 일상에서 수행을 거듭해나가는 사이에 부디 이런 휴식의 순간이 늘어나기를.

거부의 정치는 고대부터 이어져온 전술이다. 이런 사실에
대한 인식 그리고 낮잠사역단의 모든 실험을 고대부터 전해
내려온 수행으로 바라보는 시각은 대단히 중요하다. 이것은
새로운 이야기도 아니고 갑작스레 유행하는 것도 아니다. 많
은 이에게 필요한 생존의 방식이다. 거부의 정치는 연결과
앎의 공간에서 발생한다. 나는 과로문화의 세뇌에서 벗어나
면서 내 삶 전체가 저항임을 알게 되었다.

낮잠을 자기 위해 몸과 마음의 준비를 하는 방법

호기심과 실험에 뛰어들기 위한 시작점은 다음과 같다.

1. 휴식을 위한 완벽한 공간이나 기회를 기다릴 수 없다.
   지금 쉬자. 나는 1부 「쉬자!」에서 휴식을 잠시 누리는
   부가적인 혜택이 아닌 평생에 걸친 지속적이고 세심한
   사랑의 실천에 가까운 것으로 보아야 하는 이유를 제시
   했다. 우리는 당장 휴식을 취해야 한다.
2. 우리는 쉴 자격이 있다고 믿어야 한다. 애써 얻어낼 필
   요가 없다. 타고난 권리다. 휴식은 가장 오래된 원초적
   욕구에 속한다.
3. 우리 몸은 해방의 장이며, 따라서 우리는 어디에 있든
   지 휴식을 체현할 수 있다. 낮잠사역단의 두 번째 교리
   인 이 말은 주문이자 명상이다.
4. 생산성과 피로를 연결해서는 안 된다. 게으름이라는 개
   념은 억압의 도구이다. 생산성이라는 관념을 향한 집착
   을 덜어내고 그저 존재하기 위한 관문으로서의 휴식이

3부 저항하자!

라는 관념에 집중하는 것이 자본주의에서 벗어나는 중
요한 지점이 될 터이다. 당신이 아는 '생산성'의 의미
는 자라면서 겪은 해로운 사회화 과정에서 오염되었을
가능성이 높다. 되짚어볼 필요가 있다.

5. 마음과 정신이 낮잠과 휴식에 관한 해로운 세뇌에서 벗
어나면 휴식의 기법을 만들어낼 능력이 늘어날 것이다.
이런 작업을 통해 수면은 깊어지고, 공동체 돌봄의 기
회도 강화될 것이다. 속도를 줄이면서, 자신의 고유한
가치를 자신이 할 수 있는 노동과 생산량에 결부시키는
체제에 의해 세뇌당해왔다는 사실을 인지하자.

6. 과로문화는 폭력이다. 이 문화에 참여하기를 거부하자.
또한 유연성이 필요한 행동인 만큼 부디 완고해지려는
욕구에도 저항하기를 바란다. 나는 몇 달간 매일 또는
매주 휴식 수행을 해왔다. 하지만 다음 주에는 마감 시
간에 맞추기 위해 밤새워 일할 예정이다. 우리는 항상
이 세계에서 저 세계로 드나드는 중이니 자신에게 너그
러워지도록 하자. 다시 쉬도록 하자. 계속 휴식으로 돌
아가자. 꿈의 공간에 머물자.

꿈으로 들어가는 방법은 다음과 같다.

안전하게 느껴지는 바닥이 있다면 어디에서나 낮잠을 잘
수 있다. 나는 야외에서, 소파에서, 요가 스튜디오에서, 교
회에서, 대중교통에서, 비행기에서, 점심시간 내 차 안에서
낮잠을 잤다. 과로문화를 뒤흔들면서 휴식을 체현하고자
한다면 휴식을 취할 공간과 방식에는 제한이 없다.

고요함을 배경음으로 삼자. 배경음은 치유 작용을 할 수

있지만 그것이 꼭 음악이어야 하는 것은 아니다. 고요한 곳을 찾고 가꾸자.

목욕. 물속에 들어가자. 몸을 위한 고대의 지혜인 소금과 에센셜 오일 목욕은 낮잠에도 큰 도움이 된다.

스트레칭, 뻗기, 부드러움. 부드러운 베개, 부드러운 담요, 부드러운 호흡, 부드러운 마음.

소셜미디어와 휴대전화를 멀리하는 정기적인 해독. 이 둘의 중독성은 다양한 층위에서 실재하기 때문에 계획을 세워 깊이 살펴봐야 할 것이다. 나는 해독 과정에 들어갈 때 휴대전화에서 소셜미디어 앱을 모두 삭제한다. 하루에 몇 시간씩 화면을 밀어 올리며 보내지 않는 열린 시간에 무엇을 할지도 계획해둔다. 그 시간은 의식적인 휴식, 연결될 기회, 공부, 일기, 공상에 쓸 시간으로 대체되어야 한다. 당신은 습관적으로 멈출 수 없는 기분으로 휴대전화로 되돌아가게 될 것이다. 이는 과정의 일부이다. 하루 동안 해독 시간을 갖는 계획을 짜기 시작해 점차 늘려나가자.

자신에게 맞는 낮잠 규칙과 휴식 습관을 실험하자. 나름의 휴식 수행을 만들어내자.

낮잠을 자기 전에 시를 읽거나 휴식 중에 명상한 내용을 기록하자. 휴식 일기를 쓸 일기장을 정해두자. 이런 명상을 자주 반복하자.

다음은 **휴식은 저항이다** 운동에 어긋나는 주장에 대한 반박이다.

우리는 더 많은 것을 이루고 자본주의 체제에서 더 강력하고 생산적인 상태로 돌아오기 위해 쉬는 것이 아니다. 휴

3부 저항하자!

식은 사치나 특권이 아니다. 머리와 마음속에 늘 박혀 있던 이 거짓말의 장막을 걷어낼 때가 되었다. 이 거짓 믿음으로부터 풀려나는 것이 탈세뇌의 순례길에서 가장 핵심적인 일이 될 것이다. 나는 언젠가 우리 모두 휴식, 침묵, 멈춤이 사치이자 특권이라는 거짓말로부터 풀려날 수 있기를 바란다. 그 말은 틀렸다! 이를 진실로 믿도록 체제가 당신을 조종한 것이다. 체제는 거짓말을 하며 급박하고 지속 불가능한 환상을 모두가 맹목적으로 따르도록 이끌었다. 우리는 내면의 자존감을 해로운 생산성으로 대체했다. 기나긴 할 일 목록이 우리의 충분함에 대한 깊은 이해를 대체하지 못한다는 사실을 마침내 깨달을 때 잘못된 학습에서 벗어나기 시작할 것이다. 당신은 끊임없이 세상을 위해 창조하고 일하고 기여하지 않아도 된다. 태어나면서 이미 휴식과 여가를 누릴 자격을 부여받았다.

어느 시점에 나와 가족, 가까운 친구와 지역 사회 모두가 자본주의에 사로잡혔다. 우리는 금전적 이익에 심취해 돈을 모으고 자랑스레 부에 매달리게 만드는 주문에 걸렸다. 대다수가 이루지 못한, 도달 불가능한 부의 결승선에 이르려는 필사의 노력. 자본주의의 악몽은 언제나 손댈 수 없는 곳에 있고, 우리는 단지 그 생산물로서만 존재한다. 계속해서 풀려나자. 알아차림과 자기 성찰의 미덕에 감사하자. 저항은 심오한 치유의 작업이다. 그곳에는 우리가 들여다보기를 기다리는 거울이 있다. 우리가 눕기를 기다리는 침대가 있다.

이 문화에서 휴식은 환영받거나 지지받지 못하며 본보기도 되지 못한다. 자본주의와 백인우월주의가 해체되기 전까지 휴식은 영외 운동이다. 그렇기에 쉬어도 된다는 말을 들을 때까지 기다릴 수 없다. 누구도 이 말을 해주지 않을 것이다. 당신은 자신과 주위 사람들을 위해 휴식의 공간을 직접 만들어야 할 것이다. 휴식은 무위의 상태나 시간 낭비가 아니다. 생성하는 공간이다. 당신이 쉬고 있을 때 몸은 가장 활발히 연결된 상태가 된다. 장기들이 재생된다. 뇌는 새로운 정보를 처리한다. 영적 수행을 접한다. 몸을 존중하게 된다. 현재에 존재한다. 이 모든 것이 해방과 치유가 뿌리내리는 데 중요한 토대이다. 당신의 몸은 자본주의에도, 백인우월주의에도, 가부장제에도 속하지 않는다. 당신의 몸은 성소이며 생성적인 상상의 공간이다. 치유와 자유의 공간이다.

웰니스와 정의에 기반하면서도 집단적 참여에 대한 고려와 해체 및 탈식민화에 관한 개념 틀 없이 진행하는 작업은 무엇이든 불완전하다고 생각한다. 이 사역은 그보다 더 많은 것을 추구한다. 이 새로운 세계를 얻기 위해서는 우리의 상상력, 꿈의 공간, 꿈 수업을 활용해야 한다. 나는 상상하는 작업과 발명의 결과물에 관심이 아주 많다. 우리보다 먼저 온 사람들의 상상력을 존중하는 것이다. 휴식과 관련해 소셜 미디어에서 돌고 도는 일들에는 관심이 없다. 내 관심은 깊고 느린 공부, 연구, 개인적 실험에 있다.

여태껏 나는 거의 10년간 치유의 도구이자 자본주의를 뒤흔드는 행위로서의 휴식을 실험하고 연구하는 데 몰두했다. 이 작업은 여전히 진행 중이다. 오랫동안 사람을 갈아 넣는 기계에 붙들려 몸을 혹사하다가 맞이한 휴식. 휴식을 하찮게 여기는 세상에서 삶의 유동적인 현실에 끌려 들어갔다 나왔다 하면서. 나의 휴식은 조상들을 향한 숭배이기에 언제나

3부 저항하자!

그들을 기리고 따르는 데 관심이 있다. 사람들이 예술 집단에서, 신앙 생활을 하는 공간에서, 영적 집단에서, 공동체 조직을 위한 회의에서, 조용한 집에서, 기록되지 않는 돌봄과 깊은 휴식의 순간을 오프라인으로 누리고 있을 때 어떤 일이 일어나는지 여전히 궁금하다. 반복적, 인위적으로 배열되는 소셜미디어의 세계에는 별로 관심이 없다. 우리가 기술에서 멀어질 때 휴식의 목표에 더 가까워지리라 믿는다.

백인우월주의와 자본주의를 해체하고 뒤흔들 방법을 찾는 공간을 열어둘 때 휴식의 메시지는 역동성을 띠며 끊임없이 진화하고 변화할 것이다. 이것은 틀 지을 수 없고 그래서도 안 된다. 단숨에 이루어낼 이상이 아니라 우리가 성장하여 과로문화로부터 자신을 더 많이 끌어내는 사이에 계속 진화할 메시지다. 종착지는 충분히 쉬는 미래이다. 저항은 깊은 트라우마에 시달리는 세계의 치료제이다.

4부
상상하자!

"상상력은 억압받고 착취당한 민중이 실행하고 활용할 수 있는 가장 강력한 저항의 방식이다."

— 벨 훅스

아프리카미래주의, 해리엇 터브먼에게서 영감을 받아.

공간을 차지하자.

위험을 감수하고 살펴보자.

도망노예가 되자.

다시는 노예 상태로 돌아가지 않기로 결심하자.

낮잠을 자면서 조상들이 전하는 말씀을 받자.

전복적인 태도를 취하자.

전통의 한계를 벗어나는 급진적인 사랑을 받아 껴안자.

체재가 가르쳐준 모든 것을 의심하자.

연구 노트를 지니고 다니자.

호기심을 품자.

저항하자.

쉬자.

해방의 도구로서의 상상력

상상력을 해방의 도구로 믿은 사람은 내가 최초가 아니다. 나는 상상력을 가장 위대한 해방의 도구로 여기며 가르쳐준 벨 훅스와 옥타비아 버틀러로부터 한없는 영감을 받는다. 아무리 많은 지면을 할애해도 진실을 말하고자 하는 그들의 연구와 헌신이 내 삶과 이 휴식의 소명에 선사한 영향을 다 표현할 수 없다. 그들은 우리가 보고 싶은 세상을 보고 만든다는 개념에 관해 줄기차게 발언해왔다. 낮잠사역단이 제시하

4부 상상하자!

는 휴식의 순례에서도 이를 위한 발명과 실천의 행동을 요구한다. 삶을 바꾸는 결정을 내리고, 경계를 설정하고, 치유의 방법을 재상상할 준비를 해두어야 한다는 사실을 이해하고 깊이 체현하는 것이다. 나는 이 창조의 과정에 휴식이 포함된다고 믿는다. 충분히 쉰 상태에서 몸과 마음이 무엇을 깨닫고 체현할지 공상하며 셀 수 없이 많은 시간을 보내왔다.

나는 플랜테이션 농장에서 노예로 살았던 조상들이 꿈의 공간을 빼앗겼다고 확신한다. 도둑맞은 후로는 인종차별적 공포와 폭력적인 노동으로 대체되고 만 그 공간. 나는 충분히 쉰 뒤 더욱 본격적인 자유와 탈주 계획을 구상하고 설계하는 조상들을 상상하기를 좋아한다. 지치고 잠도 제대로 못 잔 상태에서 그들이 무엇을 성취하고 만들어낼 수 있었는지 생각하면 놀라울 따름이다. 나는 이를 신성한 기적의 영역에 놓아두고 미래를 향한 깊고 넓은 희망을 얻는다. 충분한 휴식과 상상이 가능한 공간 속 이 차원과 시간에서는 우리 몸이 무엇을 해낼 수 있을지 궁금하다. 우리는 무엇을 치유할 수 있을까? 무엇을 깨달을 수 있을까? 모든 이가 충분한 수면을 취한다면 우리 정의의 사역은 어떻게 달라질까? 우리를 해방으로 인도해줄 꿈속에서 어떤 메시지를 전달받게 될까? 꿈속에서 조상들과 접속할 때 어떤 영감을 받게 될까? 기계 속도로 삶을 헤쳐가느라 놓치고 있는 계시는 어떤 것들일까? 매일 10분씩이라도 공상할 시간을 갖는다면 상상력이 얼마나 자라날까? 우리는 휴식이 우리에게 무엇이며 무엇이 될 수 있을지 상상해야 한다.

휴식에 관해 우리가 배워온 모든 것이 가짜였다. 거짓말이었다. 우리의 소명은 집중적으로 휴식하고 몸에 귀를 기울일 방법을 찾는 것이다. 낮잠을 잠으로써 낮잠 말고도 몸과 마음을 연결하고 속도를 줄일 수 있는 온갖 방법을 찾아낼 것이다. 이것이 휴식이다. 휴식은 지친 사람을 위한 것이다. 두세 가지 일을 동시에 해도 집세를 꾸준히 내기 어려운 사람을 위한 것이다. 육아와 일과 학업을 병행하는 사람, 휴식은 그런 당신이 활용할 수 있는 것이다. 과로문화가 요구하는 장시간 노동을 할 수 없는 몸, 휴식은 그런 당신의 피난처이다. "나는 절대 못 쉬어요", "쉬고 싶은데 너무 바빠요", "쉬면 죄책감이 들고 뭔가 해야 할 것만 같은 기분이 들어요"라는 말을 들을 때마다 나는 빈곤, 저임금, 후기 자본주의, 노동자에게는 생활 임금도 주지 않으면서 수십억 달러를 벌어들이는 기업들, 그 밖의 모든 사기와 악습 등, 우리가 번영할 수 없다고 느끼게 만드는 명백한 현실을 직시한다. 빈곤으로 인해 생사의 갈림길에 선 상황에 관해 이야기할 때 그것이 얼마나 심각한 상황인지 이해한다.

휴식은 발명, 상상, 회복을 위해 현실을 뒤흔들며 공간을 만들어낸다. 휴식은 그저 존재할 공간을 만들어주기에 상상의 도구이다. 인간으로 존재하기란 우리가 자신의 가치를 증명하기 위해 탈진할 정도로 열심히 일하는 사이에 놓치고 마는 고대의 기적이다. 이 책에 당신의 공감을 이끌어내거나 의식의 틈새를 깊이 파고드는 내용이 하나도 없었다 해도 이것만은 기억해주길 바란다. 당신은 그저 살아 있기에 지금 그대로 충분하다! 자본주의나 백인우월주의가 무엇을 믿게 했든지 간에 당신은 신성하다.

성취한 일이나 노동으로 자신을 증명하지 않아도 된다고 믿을 때 어떤 느낌이 들고 어떤 맛, 어떤 냄새가 날지 상상해

4부 상상하자!

보자. 이 사역의 핵심이자 새로운 길을 상상하는 토대이다. 우리가 살고 있는 문화는 이 심오한 진실을 드러내 보여주지 않는다. 오히려 우리가 기계가 되기 위해, 성취하기 위해, 노동하기 위해, 일하기 위해 이 세상에 왔다는 관념을 심고 강화해왔다. 이보다 진실과 거리가 먼 것은 없다. 자기 안에 있는 가치를 믿고 이해하기 시작할 때 휴식은 다양한 방식으로 가능해질 것이다.

휴식, 낮잠, 속도 줄이기에 관한 사고방식을 종합적으로 보완하고 전환할 방법을 고민한다면 다음 질문을 스스로에게 던져보자. 이에 관해 일기를 쓸 수도 있을 것이다. 명상하고 꿈도 꿔보자. 이런 활동을 아래 질문의 해답으로 안내해줄 식별 장치로 활용하자.

1. 나는 무엇을 하도록 부름받았다고 느끼는가?
2. 나와 내가 속한 공동체의 치유를 위한 공간을 어떻게 만들 수 있을까? 내 안에서 치유가 필요한 부분은 어디인가?
3. 한 달 동안 접속을 끊고 휴식을 취하는 안식월을 일간, 주간으로 더 짧게 바꾸어 재상상해볼 수 있을까?
4. 의식적인 휴식과 돌봄이 당신의 눈에 어떻게 보이는가? 그림을 그려서 시각적으로 구성해보자.
5. 당신의 마음은 어떠한가?
6. 당신은 어떤 존재인가?
7. 당신은 무엇을 붙들고 있는가?
8. 자신에게 어떤 이야기를 들려주고 있는가? 당신이 할 수 있는 이야기 중에서 더 해방적인 것은 무엇인가?

9. 이 순간 휴식을 어떻게 만들어낼 수 있을까?
10. 당신은 변화할 준비가 되었는가?

나는 주저 없이 휴식하고 한 달 정도 소셜미디어와 노동을 멀리하는 안식 기간을 마련함으로써 발명을 위한 가능성의 영역들을 꾸준히 실험해왔다. 이것이 내가 예술가로서, 또 자본주의라는 괴물 안에서 싸우는 활동가로서 영감을 받을 수 있는 상태를 유지하는 방법 중 하나이다. 내가 발견한 이 방법은 스스로가 무한한 아이디어와 지혜를 포착하는 안테나가 될 수 있는 공간을 만들어냈다. 침묵의 치유력을 위한 공간을 만들면서 이미 내 안에 잠재한 것을 흡수하려고 기다리고 있는 그릇. 이것이 휴식이다.

안식 기간을 마련하는 행위는 개인적, 영적, 정치적 수행이다. 나는 이대로 충분하다고, 할 만큼 했다고 선언하기 위해 멈춘다. 이대로 충분하다고 굳게 믿으면 앞으로 우리는 어떤 식으로 삶을 헤쳐나가게 될까? 나는 지구 또한 극도의 고갈 상태에 처했다고 믿는다. 자본주의는 하루하루 삶과 영을 망가뜨릴 뿐 아니라 이 행성 자체를 죽이고 있다. 지구에는 휴식이 필요하며 지구상의 거주자들은 안식을 누릴 자격이 있다.

나는 2019년 11월에 보낸 안식 기간을 통해, 공동체 돌봄과 상상력을 위한 공간을 거의 남기지 않는 무감각한 단절 상태로 존재한다는 것에 관해 많은 것을 깨달았다.

한 달에 걸친 긴 안식 기간이 시작되기 3개월 전부터 소셜미디어 계정 운영, 행사 개최, 이메일 작성, 낮잠사역단에 관한 논의, 예약, 여행을 모두 중단하겠다고 선언하고 준비했

4부 상상하자!

다. 내가 상상하고 바랐던 것은 수면, 침묵, 낮잠, 해독을 위한 소금 목욕, 독서, 일 관련 언급 않기, 약간의 글쓰기, 친구와 가족과 함께 지내기, 집에 푹 파묻혀 있기 등으로 채워진 완전히 차단된 경험이었다. 그중 대부분이 실현되었고 깊은 안정과 연결의 순간도 참 많았지만 안식 기간은 아름다운 투쟁의 시간이기도 했다. 자본주의 체제 속에 진정한 휴식 모델이 없는 탓에 주위 사람들이 내가 진정으로 휴식하도록 놓아두지 않는다는 사실이 무엇보다 큰 문제였다. 내가 분명히 설정한 경계와 안식 기간을 침범하고 무시하는 사람이 자꾸만 나타났다. 안식 기간에 나와 교류하는 사람 열 명 중 아홉에게 내가 의식적으로 쉬고 있다는 사실을 거듭 강조해야 했다. 다들 내가 말할 때는 듣는 듯 하다가도 돌아서면 자꾸 일 얘기를 꺼내고 이런저런 요구를 했다. 나를 지배하는 과로문화의 어마어마한 장악력을 확인하는 것은 흥미로운 일이었다. 그러면서 이 작업이 얼마나 급진적이며 삶을 크게 바꾸어놓는지 아주 잘 알게 되었다. 우리는 휴식을 통해 진정 혁명적인 방식으로 지극히 명료한 상태를 경험하고 직관과 연결될 수 있다.

안식 기간이었던 30일 동안 내가 확인한 것은 다음과 같다.

1. 우리 문화 전체가 소셜미디어와 기술에 중독되어 있다. 이 상황이 우리를 피로의 길로 이끌고 있다. 나는 의식적으로 정기적인 해독 과정을 거치지 않고서는 깊은 휴식, 연결되는 휴식을 누릴 수 없다고 생각한다.

2. 진정한 휴식 수행은 투쟁이자 해방의 수행이다. 장기간 휴식할 기회를 누려본 사람이 거의 없기 때문에 주위에

서 당신이 깊이 쉬도록 놓아두지 않으며, 휴식을 체현하는 방법을 참고할 본보기도 없다.

3. 휴식에 관한 발언과 글이 유행하고 있다. 하지만 우리 문화 속에서 진정으로 쉬는 사람은 거의 없다. 휴식에 관한 말과 글의 유행은 자본주의와 해로운 집단 사고 group think와 그 안에서 기회를 얻으려는 의도에 기인하며, 모두 과로문화와 우리를 쥐어짜 이득을 취하는 온갖 매체의 작동 방식과 연결되어 있다.

4. 꿈꾸기와 꿈의 공간은 과로문화의 세뇌에서 벗어나는 작업의 핵심이며, 심오한 치유와 해방의 장소이다. 기술을 멀리하고 해독하는 동안 나는 매일 밤 생생하고 구체적인 꿈을 꾸었다. 밤마다 다른 세상에 존재하는 느낌이 들었다. 직관이 크게 솟아올라 아이디어가 넘쳤다. 5일 동안 생각과 아이디어를 기록한 분량이 17쪽에 달했다. 화면 밀어 올리기의 과학과 과도한 스크린 타임의 영향에 관한 연구에서는 시간이 흐를수록 우리 뇌가 변한다고 한다. 소셜미디어 초기 설계자들은 멈출 수 있고 끝이 있는 페이지 방식 대신에 스크롤 페이지를 의도적으로 개발했다. 애초에 좀비나 마찬가지인 상태로 하루에 몇 시간씩 화면을 밀어 올리게 하려고 만든 기능이다.

5. 매일 서두르지 않고 쉬는 사이에 나는 또 다른 직관과 연결성의 장이 내 위로 쏟아져 내리는 것을 느꼈다.

6. 우리 문화의 일상적 속도는 건강하지도, 지속 가능하지도, 해방적이지도 않다. 우리는 기계 속도로 기능함으로써 폭력에 가담하며 살고 있다. 이 해로운 공간이 표준으로 여겨져왔다. 이는 정상이 아니다.

4부 상상하자!

7. 과로문화의 속도를 거스르는 사람은 누구든 영외자이자 모험가로 살아간다. 이 현실을 거부하고 뒤흔들기 위해서는 전사처럼 저항해야 한다. 나는 이 안식 기간에 업무 관련 이메일과 문자, 협력 요청을 평소보다 더 많이 받았다. 자동 응답 메일로 30일 동안 자리를 비운다고 알려주어도 대부분 그 내용을 무시하고 계속 연락을 취했다. 이 현상이 흥미로웠다.

8. 안식 과정은 내 몸과 영혼을 변화시키는 회복의 의식이었다. 몸의 세포들이 더 강력하게 되살아나 상호 작용할 기회를 얻는 느낌이 들었다.

9. 쉬는 동안 소셜미디어에 접속하지 못해도 전혀 아쉽지 않았다. 매일 온라인으로 많은 사람이 공유하는 생각, 아이디어, 의견을 접하지 않고 고독에 잠기는 것은 멋진 일이었다. 개인적인 생각을 확장하고 발전시킬 기회였다. 신체적으로 더 좋아진 느낌을 받았고 사람들과 얼굴을 마주하는 데 시간을 많이 들였으며, 꿈속에서도, 깨어난 순간에도 널리 떠돌아다녔다. 더 인간적인 느낌이 들었고, 더 많이 떠다닐 수 있었다.

휴식의 영적인 차원을 경험하고 나면 우리는 일과 노동의 경계를 어떻게 설정하게 될까? 나는 지난 2년 동안 세 차례에 걸쳐 안식을 실험하는 기간을 가졌다. 모두 아름다운 투쟁이자 인내심과 경계 설정과 자비의 수행이었다. 안식 기간을 준비하기 위해 일정표를 검토하며 모든 업무를 마무리할 수 있는 시점을 설정했다. 안식 기간으로 정한 달에 들어올 요청이 있는지 주의 깊게 살폈다. 이 시기에는 응할 수 없다는 사실을 최대한 주변 모든 이에게 알리고 분명한 태도를 취하는 것이 대단히 중요하다. 우리 문화에는 멈추고 쉰다는 것이 어떤 모습이며 어떻게 느껴지는지 참고할 만한 본보기가 전혀 없기 때문에 당신의 안식 기간이 곧 본보기이자 지침이다. 내가 마련하는 안식 기간은 흔히 말하는 안식일답지 않다. 안식 기간이라고 하면 보통 외부 지원을 받아 공부나 여행, 글쓰기, 창작 등을 하는 기간을 떠올리게 마련이다. 안식 기간을 마련한다는 것은 강렬한 상상력을 발휘하고 영과 협력할 기회를 만드는 일이다. 단 10분 만이라도, 아니면 주말 동안, 한 달 동안, 또는 기념일이나 생일 등 자신에게 선물할 수 있는 날을 정해 외부 세계와 단절할 방법에 귀 기울인다면 얼마나 아름다운 발명의 공간이 생겨날까? 안식 기간의 목적은 구원이다. 휴식의 목적은 구원이다.

흑인 여성으로서 진정한 안식 기간을 갖는다는 것은 쉬운 일이 아니다. 세상의 짐을 떠안은 노새* 같은 흑인 여성, 슈퍼우먼이자 모두를 구원할 존재라는 신화가 휴식을 향한 나의 열망을 가로막고 투쟁을 벌였다. 세상은 흑인 여성의 끝없는 노동에 너무나 중독되어 있다. 이 나라가 세워질 때부터 흑인 여성은 자신을 노예로 부리는 이들의 가족을 위해 몸 바쳐 일하는 유모, 착실하고 이타적이며 충성스러운 일꾼이라는 비정상적인 역할을 강요당했다. 그것이 흑인 여성 당사자가 좋아하고 잘하는 역할이라는 신화가 여전히 만연하

---

*　　mule of the world. 다중의 억압을 떠안고 살아가는 미국 흑인 여성
　　을 비유하는 문구로 널리 쓰인다. 흑인 여성 작가 사이에서는 이를
　　긍정적으로 재해석하려는 시도 또한 꾸준히 이어지고 있다.

4부 상상하자!

다. 이 문화는 어떠한 보답도 하지 않은 채 부끄러운 줄도 모르고 흑인 여성의 탁월함을 앗아가 누리기를 좋아하며 이를 마땅히 기대해도 될 만한 일로 여긴다.

머리로는 알고 있었지만, 안식 기간을 보내며 가혹한 현실을 절실히 느낄 수 있었다. 어떠한 노동도, 요청도, 활동도 받아들이지 않을 것이라고 선언했던 첫 안식 기간에 내가 안식 중이라는 사실을 아는 이들로부터 이러한 요구를 무수히 받았다. "안식 기간 중이라는 건 알지만, 한 시간만 팟캐스트 녹음에 참여해줄 수 없을까요?"라고 묻는다든지. "30일 동안 안식 기간을 보내고 계신다는 자동 응답 메일을 읽었는데요, 혹시 30일이 지나기 전에 돌아오신다면 제 일과 관련해서 전화로 의논을 좀 드리고 싶어요"라는 이메일도 계속 받았다. 감정적, 육체적, 영적 노동 착취에서 벗어난 흑인 여성의 상이나 본보기는 존재하지 않는다. 납치당해 북미 해안에 도착한 후로 우리의 몸은 끝없는 착취와 폭력과 무시의 대상이 되었다. 이런 상황은 지금까지도 이어져 흑인 여성은 지구상에서 그 누구보다 적은 돈을 받으면서 돌봄 노동의 상당 부분을 감당하고 있다. 저작권도 인정받지 못한 채 지적 노동의 결과물을 끊임없이 탈취당하고 있다. 우리는 세상의 모든 짐을 짊어지는 동시에 세상을 구원할 존재로 여겨진다.

대중에게, 함께 일하는 가까운 사람들에게 안식 기간을 요구하고 내 안식 기간을 계속 공표하는 이유가 여기에 있다. 소셜미디어 또한 노동이며 사용자가 계속해서 더 많은 것을 갈구하게 만드는 자본주의의 확장판이기에, 나는 안식 기간에 소셜미디어 해독 과정도 수행한다. 우리는 몇 시간씩 화면을 밀어 올리고, 자신이 옳다고 생각하는 사안을 놓고 논

쟁하고, 논란 유발자들과 지적 성과물을 훔치는 이들에 맞서 싸우면서도 결코 만족감을 느끼지 못한다. 타인의 삶의 이면을 들여다볼 권리가 있다는 의식이 온라인에서 반복적인 상호 작용을 함으로써 충족된다. 우리를 자유롭게 해주리라고 믿는 보여주기식 방식에 유혹을 받는다.

많은 이가 듣고 받아들이기 불편해하는 진실이 바로 이것이다. 일단 자본주의를 내면화하고 세뇌의 순환 고리에 깊이 빠져들면 우리는 쉬고 싶어 하지 않고, 쉬는 법을 모르고, 다른 사람이 쉴 공간을 만들어주지도 않는다. 과로문화의 족쇄에 묶인 상태로는 풍부한 상상력과 발명의 감각을 발휘할 수 없다. 미래를 향한 가장 위대한 희망이 상상력에 있으므로, 나는 앞으로도 계속 낮잠사역단이 안내하는 휴식의 운동을 상상의 사역이라 부를 것이다.

옥타비아 버틀러는 2000년 《에센스Essence》에 기고한 글에서 상상력에 관한 강력한 진실을 이렇게 제시한다.

> 가능성을 가늠하기 위해 앞을 내다보려 애쓰는 것 자체가 희망의 행위이다.[15]

스피커를 통해 사방에 울려 퍼지고, 마음을 휘젓고, 귓가에 맴돌고, 정신에 새겨지고, 희미한 희망을 느끼는 모든 사람의 손바닥에 부드럽게 문신으로 남는, 기도 시간을 알리는 소리처럼 이 말을 되풀이할 수 있다면 나는 그렇게 할 것이다. 이 문화의 속도에 맞추기 위해 정신없이 돌아가는 와중에 분별한다는 것이 무엇을 의미하는지, 어떻게 가능한지 알아볼 기회가 거의 없다는 사실이 내게는 충격적이다. 우리는

4부 상상하자!

체제가 요구하는 것과 몸과 영이 진실이라고 알고 있는 것을 구별하지 못한다. 몸이 자연스러운 상태로 돌아갈 수 있도록 공상하고 하늘을 올려다볼 공간을 마련해야 한다. 잠 못 자고 지치고 번아웃에 빠진 상태에서는 트라우마가 되풀이된다. 앞을 내다보고 미래에 희망을 걸기 위해, 우리는 상상력을 키울 수 있다.

우리는 상상력을 과소평가한다. 시간 낭비 또는 어린이나 하는 시시한 일로 치부하고, 가혹하고 잔인한 세상에서 상상으로 할 수 있는 일이란 현실 도피 순간을 제공하는 것뿐이라는 잘못된 관념을 강요한다. 휴식에 관해 생각할 때도 같은 관점을 적용한다. 나는 억압받는 사람의 삶에서는 현실 도피도 강력한 힘을 발휘한다고 생각하지만, 내가 장려하는 상상력은 현실 도피를 위한 것이 아니다. 이 상상력은 무엇이 가능한지 알아볼 수 있게 해준다. 오늘날 지구상에서 우리가 보는 모든 것, 우리가 살고 있는 모든 체제는 누군가에 의해 만들어진 것이다. 사람들이 자리에 앉아 세상을 이해할 방법을 상상하기 전까지는 존재하지 않던 것들이다. 백인우월주의와 자본주의의 경우, 이런 폭력적인 체제를 만들고 실험한 이들은 사람보다 이윤을 중시하는 해로운 신념을 고수할 방법을 찾아냈다. 권력과 부를 확보하기 위해 인간을 종속시키고 상품화하는 사악한 방법을 찾아낸 것이다.

우리에게도 세상을 구축하고 재상상할 권리가 있다. 꾸준히 우리의 가능성을 시험하는 과정을 시작해야 한다. 충분히 쉬는 세상은 어떤 모습일 수 있을까? 자본주의가 존재하지 않는 세상은 어떤 모습일 수 있을까? 더 이상 빈곤이 발생하지 않는다면 어떠할까? 우리를 집단적 죽음으로 끌어가는 해로운 개인주의에 맞서 어떤 대안을 상상할 수 있을까? 상상력에는 새로운 세계로 다가가는 능력이 있다. 이를 쟁취하기 위해 싸워야 한다. 상상해야 한다. 그리고 그전에 우선 현상을 분명히 살펴보아야 한다.

휴식하기 좋은 조건을 만들기 위해 기관이나 정부가 나설 때가 되었다는 이야기를 많이 듣는데, **휴식은 저항이다** 개념틀의 차별점이 바로 여기에 있다. 우리는 체제가 어찌하든 상관없이 휴식을 취한다. 기다리지 않는다. 허락을 구하지 않는다. 전복적이고 창발적이고 획기적인 정신에 따라 움직인다. 쉽지 않으리라는 것을 알지만, 우리의 신성과 집단적 돌봄의 힘으로, 또한 휴식을 통해 상상력을 발휘하는 데 집중함으로써 과로문화로부터 벗어날 길을 낼 수 있다고 믿는다. 백인우월주의나 자본주의에 동조하는 데는 대가가 따른다는 사실을 항상 기억해야 한다.

휴식을 우리 문화에 결합하는 길은 하나가 아니다. 거기에 다다르기까지는 수천 시간에 걸친 상상의 힘이 필요할 것이다. 나는 더 많은 휴식으로 이르는 쉽고 빠른 길을 알려 달라는 질문을 잔뜩 받아왔다. 평생토록 사회화된 상태에서 벗어나게 해줄 일목요연한 할 일 목록을 내가 줄줄 읊어주기를 기다리듯이 다급한 어조로 답을 요구한다. 하지만 마술과 같은 해법이 없다는 사실을 이해하면 해방감과 희망이 찾아온다. 이것은 우리에게 너무나도 익숙한, 불안으로 가득 차 빠르게 달려가는 존재 방식에 대한 대항 서사이다. 수천 가지 방식으로 휴식을 취하여 치유로 나아가자는 권유는 혁명적이다. 혁명에는 시간이 걸린다. 그 과정은 길고 느리며 나는 바로 그 점에 감사한다.

4부 상상하자!

이 책은 자본주의 체제 속에서 휴식을 얻는 방법에 관한 단계별 목록과 확고한 체계를 얻기 위해 집어들 만한 책이 아니다. 우리 문화는 빠르고 편리한 처리 방식이 중요하다는 신화 속에서 번성하고 있다. 이미 그렇게 살아왔는데도 여전히 똑같이 틀에 박힌 제한된 사고를 할 필요는 없다. 이제는 상상력을 활용하고 몸과 영이 이미 아는 것으로 되돌아갈 때이다. 인간으로서 우리가 누구인지 알기 위해 틈새를 깊이 파고들어 탐사하기 시작할 때이다. 과로문화의 해로운 세계에서 벗어나는 것은 당신 몫이다. 당신의 몸은 극도로 지친 상태이기에 단절의 반대편에서 당신을 기다리는 훌륭한 길잡이를 제공해줄 수 없다. 충분히 쉰 상태에서 몸과 접속하면 수많은 정보의 문이 열릴 것이다. 당신은 실험할 권한이 있다. 자신에게로 돌아가자. 기대어보자. 발명하자. 세상을 이해할 수 있도록 멈추어보자. 이것은 판에 박힌 치유가 아니다. 자본주의는 낯선 것이다. 우리 몸은 고대부터 이어져왔으며 우리를 치유하는 방식도 고대의 것이다. 휴식은 고대의 것이다. 우리를 자신의 가장 깊은 곳으로 이끌어갈 더 깊은 상상력을 발휘할 때이다. [악습의] 폐지이다. 새로운 길을 상상하는 일이다. 꿈의 사역이다.

나는 내 존재가 두렵거나 불안하지 않다. 나의 희망과 기쁨은 내면적인 것이지 해로운 우리 문화의 기만 위에 쌓아올린 것이 아니다. 나는 휴식과 공동체 돌봄 그리고 하느님과 조상들에 의지해 내가 상상해낼 수 있는 것들의 탁월함과 힘에 단단히 뿌리내리고 있다.

나는 상상력과 해방의 미덕에 단단히 정착했다. 몸을 누이고 공상에 잠긴다. 과로문화가 나를 속여 좌절과 피로로 몰고 가기를 거부한다. 인종차별적 공포의 시기에도 조상들이 하던 일을 절대 잊지 못한다. 그들은 기쁨을 중시하고 휴식을 얻고 예술을 창조하고 스스로에게서, 매일 함께하는 가족 사이에서 즐거움을 찾아냈다. 나의 희망이자 기준점이다.

낮잠사역단은 이룰 수 없을 것 같은 이상에 헌신하는 작업이다. 이를 통해 상상하고 희망을 품을 공간을 만들어내기에 혁명적이다. 상상과 희망은 해방의 열쇠이다. 휴식을 통로로 활용해 상상력을 키우는 작업을 시작할 수 있다. 지배적인 체제를 막아서는 데 쓸 만한 내면의 모든 도구를 조사하고 실험하고자 멈출 때 문이 열린다. 우리는 귀 기울이기 위해 멈추고 천천히 탐구할 공간을 확보해야 할 것이다. 휴식 수행은 평생에 걸친 호기심의 여정이 될 것이다. 나는 다음과 같은 호기심을 품고 있다. 충분히 쉬는 미래는 어떤 모습 또는 어떤 느낌일까? 모두에게 휴식의 공간이 보장되는 세상을 만들기 위해 어떻게 협력할 수 있을까? 우리가 놓치고 있는 휴식 상태에 다다르면 어떤 정보를 얻게 될까? 일체화와 흐름에서 나오는 힘 앞에서 피로는 어떻게 변할까? 조상들은 꿈을 통해 어떤 치유와 생각을 우리에게 전수하려 하고 있을까? 우리가 필요한 모든 것을 가졌다고 집단적으로 상상할 수 있다면 어떤 일이 펼쳐질까?

나는 20여 년 전에 시인으로 사회에 첫발을 내디뎠다. 90년대 후반 시카고에서 왕성히 활동했던 구어체 문학계에서 시를 쓰고 무대에 올랐다. 시카고 공립 학교와 지역 사회 조직에서 청소년을 대상으로 여는 '방과 후 학교'에서 시를 가르치며 생계를 꾸렸다. 내가 가르친 대상은 6세 아이들부터 고등학생까지였다. 최근에 겪은 소중한 경험이자 정의의

4부 상상하자!

수행에 가까웠던 일은 2017년에 일어났다. 조지아주 애틀랜타에서 11세에서 17세 사이의 청소년을 대상으로 하는 '방과 후 학교' 교사로 일할 때였다. 나는 애정을 담아 근사한 시 쓰기 과정을 구성했다. 묘사, 은유, 다채로운 언어*의 개념을 소개하는 것이 목표였다. 아이들에게 태어나서 지금까지의 삶의 여정을 글로 쓰고 지도를 그려보라고 했다. 우리는 매주 두 시간씩 함께 작업했다. 랭스턴 휴즈, 앨리스 워커, 니키 지오바니 같은 작가의 시를 읽기도 하고 시를 통해 공연하고 표현하는 방법도 익혔다.

14주짜리 수업 기간이 절반 정도 지났을 무렵 강의 계획을 변경해야겠다는 생각이 들었다. 애초의 계획과 달리 아프리카미래주의에 대해 알려주고 수강생들이 상상력을 더 많이 발휘하도록 이끌어주는 편이 좋을 듯했다. 이 아이들이 매주 써 오는 글에 자기 삶의 현실, 빈곤, 마약 남용, 총기 폭력, 청소년으로서 느끼는 무력함, 가족의 실업 문제, 많은 이가 경험해본 감산복합체**에 관한 사연이 담겨 있었기 때문

---

* colorful language. 격식 있는 언어가 아닌 속어를 뜻한다.

** prison industrial complex. 감옥과 산업의 복합체로, 교도소, 교도소에 상품 및 서비스를 제공하는 기업, 교도소 수감자들의 값싼 노동력, 그것을 사는 기업 등으로 이루어져 있다. 1970년대부터 강력한 약물 남용 방지법이 시행되고 저렴한 마약이 대량으로 유통되면서 교도소 수감률이 늘어나자 1980년대에 많은 민영 교도소가 설립되었다. 똑같이 경미한 죄를 저질러도 백인보다 흑인이 압도적으로 많이 수감되었기에, 폭발적으로 성장하는 마약 시장과 흑인에게 유독 가혹한 법 아래 흑인 수감자가 끊임없이 공급되었다. 수감자들의 값싼 노동력과 정부 지원금 등으로 감산복합체들은 이윤을 내면서 가난한 지역 공동체들을 파괴했다.

이다. 나는 매주 아이들이 자기 삶의 공포에 관해 쓴 엄청나게 폭력적이고 가슴 아픈 시를 접했다. 그런 이야기를 나와 다른 학생들 앞에서 꺼내도 괜찮겠다고 느꼈다는 점과 자기 삶의 진실을 밝히는 일의 중요성을 이해한다는 점이 기뻤다. 그 안에는 균형도 없고 희망도 없고 무언가를 만들어낼 만한 발명이라는 것도 없었다. 그래서 나는 SF 소설, 만화, 음악, 영화로 방향을 틀어 아프리카미래주의의 선구자인 선 라*의 가르침, 옥타비아 버틀러와 미시 엘리엇 그리고 우리 수업 기간에 극장에 걸렸던 블록버스터 영화 〈블랙 팬서Black Panther〉를 소개했다. 나는 이 아이들이 SF 소설을 읽지 않고 하드커버 만화책은 본 적이 없으며 영화 '스타워즈Star Wars' 시리즈에 관해 아는 게 거의 없다고 해서 깜짝 놀랐다. 대부분 매일 겪는 현실에서 벗어나기 어려운 처지에 놓여 있었다. 이를 통해 나는 억압이 어떻게 우리의 상상력을 앗아가는지 확실히 알게 되었다. 소외 계층일수록 특히 더욱 그러한 상황에 빠진다. 가난과 불의의 폭력에 망가진 지역 사회에 사

---

* Sun Ra(1914~1993). 미국의 혁신적인 재즈 아티스트로, 자신은 인류를 구하기 위해 토성에서 온 외계인이라고 주장했으며 1950년대에 밴드 아케스트라스(Arkestras)를 결성했다. 아프리카미래주의의 선구로 여겨지는 아케스트라스는 고대 이집트나 SF에서 영감을 얻은 복장을 입고 공연을 하며, 재즈에 잘 사용되지 않던 악기들을 사용해 실험적인 재즈 음악을 해왔다. 1974년에 개봉한 〈우주가 바로 그곳이다(Space Is the Place)〉는 선 라와 아케스트라스가 출연한 SF 영화로, 여기서 선 라는 과거와 현재를 오가면서 음악을 통해 자신의 메시지를 전파하며 미국 흑인들을 다른 행성으로 안전하게 이주시키려고 분투한다.

4부 상상하자!

는 흑인과 유색인은 상상할 공간을 계속 강탈당한다. 그래서 우리는 아프리카미래주의를 깊이 파고들어보았다.

아프리카미래주의에는 현재의 모든 문제가 해결된 미래가 존재한다. 미래는 지금이다. 아프리카미래주의는 나의 가장 깊은 욕구를 바탕으로 배열된 새로운 기억을 주입해주었다.

흑인의 꿈꾸기와 창조하기. 1914년 남부 앨라배마주 버밍햄에서 태어난 재즈 작곡가이자 피아니스트, 시인이며 실험적인 음악과 영화로 잘 알려진 아프리카미래주의의 선구자 선 라. 흑인으로 하여금 폭력과 인종차별로 얼룩진 지구를 떠나 흑인의 행성을 창조하게 한 그의 훌륭한 가르침. 미국 흑인이 겪는 삶의 트라우마에 대한 선 라의 예술적인 대응은 그저 우리 꿈속에서일 뿐이라 해도 깊은 환희와 희망과 광대함을 느끼게 한다. 이를 통해 흑인은 폭력적인 사회에서 자신이 처한 자리 너머, 더 높고 먼 곳을 내다볼 기회를 얻는다. 이 상상력이 평화와 해방된 미래를 가져다준다. 우리의 휴식 사역은 상상의 바닷속 깊이 뿌리내려야 한다. 선 라가 불가능한 것을 떠올리며 시작한 아프리카미래주의는 **휴식은 저항이다** 개념 틀이 믿고 협력할 만한 동반자이다. 과로문화의 세뇌에서 벗어나는 일은 여태 한 번도 이루어지지 않은 것에서 비롯되어야 한다. 억압적 체제 아래 매일 주어지는 것에서 멀리 떨어진 현실로 우리를 집어넣어야 한다. 아프리카미래주의와 선 라의 발자취를 공부하는 것은 평생에 걸친 휴식의 수행을 만드는 데 대단히 유익할 테다. 시간을 구부리는 아프리카미래주의의 철학이 우리의 꿈의 공간, 휴식이 제공하는 관문, 휴식을 바탕으로 새로운 세계를 건설하려는 우리의 열망을 뒷받침한다.

나는 미래가 지금이며 그 미래에는 이 세상의 모든 문제가 이미 해결되었다고 믿으라는 요청에 충격받았다. 선 라는 불가능에 깊이 이끌렸다. "앨범의 글과 인터뷰를 통해, 라는 고대 이집트 역사를 '별을 넘어가는' 미래 인류의 탈출기에 대입한 '흑인 우주 신화'의 그림을 제시했다."[16] 선 라의 작업을 나의 휴식 수행과 연결하는 이유는, 내 시간을 빼앗아가는 과로문화를 뒤흔들기 위해서는 불가능을 믿으면서 여가, 부드러움, 편안함, 휴식, 돌봄으로 향하는 나만의 길을 찾아야 하기 때문이다. 나는 휴식이 가능하다고 믿어야 한다. 하루 중 단 몇 분 만이라도 그동안 나의 가치에 관해 들어온 거짓말을 끊어내고 그 믿음이 진실이 되게 해야 한다. 불가능한 것에 극도로 집중하여 그로부터 힘과 기운을 얻어야 한다. 내 안에 삶과 영을 향한 이끌림이 있기에 나는 백인우월주의, 가부장제, 자본주의 체제 속에서도 쉴 수 있다. 우리를 지배하는 과로문화의 강고한 틀을 흔들고자 한다면 이런 정신이 필요하다. 한계 없이 꿈을 꾸고 모든 것이 가능하다고 믿어야 할 것이다. 이분법적인 사고에 갇혀 있을 수는 없다. 꿈꾸고 쉴 때 맞닥뜨릴 경계선 주변으로 마음과 정신이 떠돌 것이 두려워 현실에 갇혀 있을 수만은 없다.

'방과 후 학교'가 끝나던 날, 수강생들이 일어나 자신이 생각하는 흑인 행성을 묘사한 시를 낭송했다. 그 행성은 공립학교에 가서 시험을 치려고 공부할 필요가 없고 번성하는 데 필요한 모든 지식을 가지고 태어나는 곳이라고 했다. 숨만 쉬어도 필요한 지식을 더 많이 일깨울 수 있는 곳. 총기가 없고 식량이 자연히 자라서 누구도 배고플 일이 없는 곳. 돈이란 건 발명된 적이 없고 게으르다는 말을 들을 일 없이 하루

4부 상상하자!

종일 잘 수 있는 곳. 내가 아주 좋아했던 열한 살 소년은 나와 이런 대화를 주고받았다.

> 나: 그동안 SF 소설 작가들은 왜 흑인이 존재하지 않는 미래를 그렸다고 생각해요?
>
> 소년: 그 사람들은 우리가 그렇게 오래 버티지 못할 거라고 생각하니까요! 하지만 틀렸어요. 우리가 미래예요.

나는 그저 웃으며 이렇게 대답했다. "그래요, 우리가 미래예요."

휴식은 충분히 쉬는 미래의 문을 연다. 미래는 지금이다. 매일 우리 몸과 연결하고 공간을 되찾고 집단적으로 상상하는 운동 속에서. 미래는 휴식이다. 우리는 자본주의 체제에서 휴식이 가능하다는 말을 듣지 못한다. 매일 낮잠을 잘 가능성을 꿈조차 꿀 수 없을 정도로 상상력이 제한되어 있다. 완전한 반자본주의 세계로 갈 수는 없을지라도 상상력은 우리의 저항이다. 상상력은 하나의 돌봄이다. 백인우월주의와 자본주의 체제 속에서 사는 삶의 폭력성이 꿈꾸고 발명하는 능력을 마모시킨다. 지치고 갈려나가는 상태에서는 조종당하기 쉽다. 휴식의 복음 안에, 생존과 번영 및 세상에 대한 이해를 추구하는 사역 안에 힘이 있다. 휴식은 사랑을 가다듬고 지친 몸을 달래고 기계 속도로 삶을 헤쳐나오느라 얻은 트라우마를 걷어내기 위해 우리를 기다리고 있다. 재상상은 기억을 꽃피워 힘을 얻게 해준다. 이 힘으로 과로문화를 해체하고 구원을 이룰 수 있다. 의식적으로 쉬면서 우리가 벗어나고자 하는 해로운 세계를 기억하고 이해해야 한다. 이 작업이 현 상태를 뒤흔들고 우리를 상상력 넘치는 상태로 이끌 것이다.

나는 과로문화가 어떻게 몸, 마음, 정신을 망가뜨려왔는지 증언한다. 저항의 행동으로서, 급진적 희망을 위해 증언한다. 자신을 기계에 불과한 존재로 여기는 체제에 의해 소진된 모든 조상의 이름을 위해 증언한다. 짐 크로 테러에 맞서 자신을 지키기 위해 총을 들었던 증조할머니 로디를 위해. 다른 사람들은 불가능하다고 느낄 때에도 항상 평화와 휴식을 얻고자 무슨 일이 있어도 길을 찾으려 했던 할머니 오라를 위해. 출근하기 전 그저 존재하기 위한 시간을 마련했던 아버지 윌리를 위해. 기억하고 말하는 행위 속에 해방이 있다. 피로는 영을 억누르지만 휴식은 영에 힘을 싣는다. 나는 자본주의의 손아귀로부터, 끊임없는 노동과 공포라는 미국적인 악몽으로부터 벗어난 생존자이다. 상상하기 힘든 일을 견디고 대처하는 방법을 온전히 이해하는 과정을 시작하게 해주는 트라우마 기억 및 회상 작업 덕분이었다.

꿈의 공간 ― 내가 낮잠을 통해 다가간 방법

꿈의 공간에 다가가는 과정은 단숨에 진행되지 않았다. 몸과 마음이 풀려나는 단계로 접어들던 그 순간이 지금도 생생히 기억난다. 나는 학교에서 긴 하루를 보내고 돌아와 조그만 우리 집의 거실 소파에 누워 있었다. 자정 무렵의 늦은 밤, 그날 강의를 들으며 기록한 내용을 살펴보려고 노트를 들고 있었다. 다음 날 아침에 쪽지 시험을 치를 예정이라 공부해야 한다는 끝없는 압박 속에 있었다. 그렇게 노트를 살펴보다가 결국 가슴에 얹은 채 잠들고 말았다. 그런데 자는 동안

4부 상상하자!

어딘가에 단단히 안겨 있는 듯한 생생한 꿈을 꾸었다. 꽉 붙들려 있지만 부드럽고 편안한 느낌이었다. 현실에서는 수년째 수면 부족과 번아웃으로 고생하던 중이었는데도 꿈속에서는 몸이 가볍고 개운했다. 내 몸과 마음이 어떻게 느껴질 수 있는지 순간적으로 엿보게 해준 예언적인 꿈이었다. 이를 통해 나는 거칠고 차갑게 느껴지는 세상에서도 부드러움과 포근함을 느낄 수 있음을 알게 되었다.

흑인 교회에서 예배 중에 영이 무엇을 할 수 있는지 보면서 자랐기에, 아프리카미래주의에 심취하자 점점이 흩어져 있던 휴식의 기회를 치유의 관문으로 쉽게 연결할 수 있었다. 해방, 공동체 돌봄, 자기애, 상상력을 눈앞에서 볼 수 있는 이런 환경에서 자랄 수 있었다는 것이 무척 감사하다. 덕분에 나의 흑인성과 여성성을 혐오하는 세상에 일시적인 자유의 공간이 생겨났다. 오순절 교단에서 성령이 임하는 장면을 보았던 덕분에 체현과 이면에서 벌어지는 일, 눈과 귀로 보고 들을 수 없는 것을 깊이 신뢰하는 사고방식에 아주 익숙하다.

어머니는 기도의 용사였다. 이러한 능력은 어머니가 받은 은사여서 어릴 적부터 어머니가 전화로 친구를 위해 기도하는 모습을 보았고 나를 위해 전화로 기도할 때 변화가 일어남을 느끼기도 했다. 기도는 트라우마를 힘으로 바꿀 수 있다. 텔레파시를 통한 소통. 세포를 변화하고 진화하게 하는. 나는 생성적 공간으로서의 휴식을 자유라고 느낀다. 우리는 깊은 휴식, 돌봄, 여가, 여유를 위한 공간을 마련하는 삶을 살 수 있다는 말을 듣지 못하고 산다. 그런 삶은 가능할 뿐만 아니라 실재하며 새로운 세상을 알려주는 토대이다. 과로문화에 맞추어 살면서 우리 몸을 계속 무시할 수는 없다.

신체적 차원의 휴식은 작은 부활이다. 나는 늘 공동체의 부활이라는 개념에 관심이 있었다. 다들 죽었다가 사흘 만에 되살아난, 예수의 부활이라는 기독교적 관점의 부활에만 익숙할 것이다. 나는 부활이 기독교적 관점을 벗어난 곳에서도 행동주의와 대항에 큰 힘을 부여할 관념이라고 생각한다. 부활은 새로운 존재로 깨어나는 것이다. 새롭게 태어나 생동하는 삶, 영감, 호흡, 거부, 생각, 운동이다. 휴식은 부활이다. 말 그대로 죽음에서 되살아나는 것이다. 과로문화는 영적 죽음이다.

휴식은 미래의 우리를 보게 해주는 약이다. 휴식은 현재를 뒤흔들어 발명의 공간을 마련한다.

나는 상상력을 빼앗는 것이 가장 깊은 곳에서 자행되는 억압이라고 생각한다. 누군가가 "뭐라 말해야 할지 모르겠군요. 형언할 수가 없어요"라고 말하는 순간을 사랑한다. 우리 문화 속에서 우리는 항상 머릿속으로 모든 것을 이론화하고 분석하고 이해할 태세를 갖춘 채 살아간다. 그러나 쉬고 꿈꾸는 동안에는 알 수 없는 것에 자신을 내맡긴다. 우리는 자유의 순간을 누릴 수 있다. 자본주의의 한계가 사라진 상태는 어떤 느낌일지 시험해볼 수 있다. 자연의 법칙은 성장이다. 정기적으로 소셜미디어와 인터넷을 벗어나 해독하지 않고서는 깊은 휴식을 일관성 있게 취하지 못한다. 기술은 우리의 휴식을 지지하거나 휴식할 공간을 마련해주는 방향으로 설계되지 않았다. 소셜미디어는 자본주의의 확장판이며, 우리는 그것이 우리 몸에 미치는 영향에 대해 끊임없이 비판적 태도를 취해야 한다.

4부 상상하자!

저항이라는 개념이 처음에는 두렵게 느껴질 수 있다는 점을 나도 안다. 과로에 대한 대안으로서 휴식을 제시하자 트라우마에 시달리는 지친 몸으로 즉시 이런 반응을 보이는 사람이 많았다. "집세는 어떻게 내죠? 어떻게 먹고살아요? 듣기에는 그럴싸하지만 그렇게 할 수 없는 사람들이 있어요. 꼭 꿈같은 얘기예요. 현실적이지 않다고요." 나는 내가 비현실적이라는 데, 조상들이 보여준 상상력과 재기를 물려받았다는 데 감사한다. 별들과 자신의 직관과 하느님의 인도에 따라 자유를 향해 걷기로 결심했을 때의 해리엇 터브먼이 비현실적이었음에 감사한다.

정의는 비현실적이라는 개념이 우리의 정신에 깊이 박혀 있다. 우리는 나면서부터 가장 깊은 상상을 무시하고 내달리며, 삶 전체가 자본주의에 기여하기 위해 구축된 것이라고 믿도록 사회화되었다. 이 관념은 매일 매 시간 쉼 없이 우리를 공격한다. 휴식은 이러한 트라우마, 공포, 잘못된 정보를 고치기 위해 존재한다. 휴식에 대한 나의 이런 관념은 기득권자의 자리에서 얻은 것이 아니다. 삶을 구하고 조상들과 연결하기 위해 휴식의 실험을 시작했을 때, 나는 수천 달러의 빚과 학자금 대출을 안고 대학원에 다니던 가난한 흑인 퀴어 여성에 불과했다. 실직 상태였고, 학생 신분으로 불완전 고용 노동을 계속했다. 겨우 시급 12달러를 받으며 일주일에 몇 시간씩 기록 보관소에서 근로 학생으로 일했다. 학교 수업을 들을 수 있는 최대한도까지 듣는 상태에서 여섯 살짜리 아이를 돌보며 연구에 필요한 무급 인턴 일까지 수행했다. 지금도 그러하지만 당시 우리 가족 최초의 성인 대학원생이었던 나에겐 자식이 있었고, 남편은 내가 공부하는 동안 집세를 벌기 위해 주 50시간 넘게 일했다. 대학원 과정을 수료한 후 무수히 면접을 보러 다녔는데도 일자리를 얻지 못했다. 통장 잔고는 마이너스 25달러인 데다 차도 없고 저축도 없어서 침대 옆에 앉아 울던 때가 기억난다. 이 운동은 자본주의와 백인우월주의에 의해 트라우마를 얻을 일 없는 지위와 특권을 누리면서 휴식에 관해 발언하는 누군가가 시작한 것이 아니다. 나는 당사자이자 증인이기에 이것이 가능하다고 말하려 한다. 휴식이 내 삶을 구원했다.

이것은 상상하기, 꿈꾸기, 거부의 정치에 대한 실험이다. 휴식이 특권이나 사치가 아니라 우리가 재상상한다면 언제든지 가능한 신성한 인권이라는 진실을 머리와 가슴으로 빨리 받아들일수록 휴식의 묘미를 더 풍성하게 확인할 수 있을 것이다. 풀려나는 과정은 느리게 진행되므로 이 정보를 빨리 얻으려 애쓰지 말고, 굳이 두려움을 무시하려고 애쓰지도 말자. 심호흡하며, 충분히 쉬면서 살아가는 자신의 삶을 천천히 상상해보자. 자신에게 은혜와 자비를 베풀자. 스스로를 단단히 감싸안아주는 일은 당신 몫이다. 당신은 쉴 수 있다! 상상할 수 있다. 두렵고 불가능한 이야기로 들린다 해도 그 역시 과정의 일부이다. 당신은 언제든지 휴식, 돌봄, 상상의 관문을 만들어낼 수 있다. 휴식은 우리의 신성한 권리다. 우리는 나면서부터 신성의 힘을 부여받았다.

이것은 낮잠 그 이상이며 문자 그대로의 수면 이상에 관한 것이다. 어떻게 풀려날 것인가? 어떻게 세뇌에서 벗어날 것인가? 그 답은 곧 천천히 행하는 것이다. 의식적으로 행하는 것이다. 주의 깊게 행하는 것이다. 자신이 쉴 자격이 있다고 믿는 것만으로 행하는 것이다. 우리의 자존감과 가치는 자본

4부 상상하자!

주의, 가부장제, 장애차별주의, 인종차별주의에 짓밟혀왔다. 이 모두가 우리로 하여금 자신이 가치 없는 존재이며 사랑, 돌봄, 휴식, 은혜를 얻으려면 매일 열심히 노력해 자신을 증명해야 한다고 믿게 했다. 이 거짓말이 우리에게 얼마나 폭력적인지는 아무리 떠들어도 지나치지 않다. 과로문화가 고된 생활과 과잉 생산성을, 쉬지 않고 일하면 구원받으리라는 관념을 신봉하도록 우리를 밀어붙였다. 이는 거짓말이다.

휴식이 내 신체적, 영적 몸에 어떤 작용을 할지 알아보는 실험을 시작하기로 마음먹기 전에는 매일 스스로를 한계까지 밀어붙였다. 그렇게 하는 것이 자본주의와 백인우월주의에 평생토록 세뇌당한 결과임을 전혀 알지 못했다. 그저 주위 모든 사람이 하는 대로 하고 있었을 뿐이었다. 고지금을 내고 학교에 다니고 아이를 돌보며 생존을 위해서만 사는 것 같은 방식으로 세상을 헤쳐나가려 애쓸 따름이었다. 기계처럼 돌아가는 이 속도가 나를 얼마나 소진하고 있는지 객관적으로 바라볼 눈이 전혀 없었다. 주위 모든 사람이 이 속도로 살아갔다. 직장, 수업, 친구, 가족에게 필요한 모든 것이 끊임없는 노동의 순환 고리 속에 있었다. 침묵과 고요함은 하루에 열다섯 시간을 수업, 일, 육아로 보낸 뒤 마침내 침대로 기어들어갈 때가 되어서야 찾아왔다.

온 세상이 합심해 우리를 쉬지 못하게 하고 있기에 이 휴식 운동은 영외 운동이다. 자본주의의 광풍은 계속되고 우리는 극심한 빈곤에 빠지지 않으려 안간힘을 쓰고 있다. 기계처럼 작동하도록 훈련받았기에 내 머릿속에서 이는 정상적인 상태로 느껴졌다. 하지만 하루 20분씩 낮잠을 자거나 10분 정도 공상에 잠기는 수준에 불과하더라도 쉬기 시작하자 휴식의 관문이 열려, 더 많이 쉬어야 한다는 외침이 내 신체적, 영적 몸에서 터져 나왔다.

이는 시간을 들여야 하는 사고방식, 패러다임의 전환이자 태도이다. 내가 조상들에게 영감을 얻었듯이 당신도 영감을 얻을 대상을 찾을 수 있을 것이다. 공동체 돌봄과 집단[적 실천]에 바탕을 둔 작업이므로, 주위에서 치유에 관심이 있는 사람들을 찾아보기 바란다. 휴식을 취한 상태에서 돌아보면 휴식과 돌봄이 필요한 지친 영혼들과 유기적으로 연결되기 시작할 것이다. 나는 나보다 먼저 온 사람들을 살펴보며 그들이 휴식을 취할 공간을 마련하던 방법을 알아보았다. 매일 일하면서도 길을 내려 노력했던 이들을 찾아보았고 영감을 얻었다.

나는 꿈의 공간에 관해 생각할 때 신성한 공간을 떠올린다. 지식의 우물. 우리가 찾아갈 수 있는, 이 세상의 무게와는 상관없는 공간. 일을 해결하기 위해 들어가 쉴 수 있는 공간. 어느 날 소파에서 잠을 자다가 그 공간을 깊이 깨닫게 되었다. 텔레비전을 보다가 뜻하지 않게 낮잠에 빠질 때를 아주 좋아하는데 그날은 평소보다 조금 더 깊은 휴식 상태에 빠져들었고, 그러자 온몸이 소파 전체로 확장되는 듯한 기분이 들었다. 부드러움이 나를 꼭 껴안은 느낌이었다. 30분도 안 되어 깨어나 보니 상쾌하게 하루를 시작할 준비가 되어 있었다. 나는 우리가 진정으로 상상조차 하지 못하는 꿈의 공간에 대해 생각해본다. 우리의 가장 깊은 상상이 그곳에서 우리를 기다린다. 진정한 휴식, 치유의 길, 안전한 느낌을 받고자 찾아가는 공간. 이런 일은 우리가 쉴 때 일어난다.

당신 몸에는 귀 기울여주기를 기다리는 정보가 있다. 자아

4부 상상하자!

의 가장 깊은 곳에 닿게 해주는 정보가 당신 몸속에 있다. 이 사역은 체험에 관한 것이다. 휴식에 관해 끝없이 떠들거나 소셜미디어에 휴식에 관한 밈을 생성하는 일이 아니다. 몸이 이미 아는 그 모든 것을 반복하려는 것이 아니다. 몸은 중요한 정보를 갖고 있지만 휴식을 취하지 않는 한 그 정보를 얻을 수 없다. 피로한 상태로 삶을 헤쳐나가느라 진정한 자신에 관한 많은 것을 놓친다면 어떻게 할 것인가? 나는 해방의 다음 차원으로 우리를 인도할 수많은 지침이 휴식하는 상태 속에서, 꿈속에서, 속도를 줄인 조용한 상태 속에서 우리를 기다린다고 믿는다. 일정표를 채울 순간을 만드느라 끊임없이 일하며 바삐 지내는 사이에 얼마나 많은 것을 놓치고 있을까? 언제쯤 몸으로 차분히 성찰하고 마음을 넓혀 진정한 자신과 연결될 수 있는 공간을 만들게 될까? 피로는 우리를 해방으로 이끌어가지 않을 것이다. 피로한 상태에서 얻을 수 있는 것은 더 많은 피로, 더 많은 해로움, 공포뿐이다. 바로 지금 쉬어야 한다.

상상하는 법

우리는 공동체 안에 머물면서 상상한다. 급진적인 돌봄을 주고받으며 상상한다. 상호 연결성을 받아들이고 추구하면서 상상한다. 개인주의는 우리를 탈진과 죽음의 길로 이끌고 있다. 공동체 돌봄이 우리를 구할 것이며, 우리는 공동체 돌봄을 표명하고 전략으로 삼을 온갖 방법을 꿈꿀 수 있다. 내가 공동체 돌봄과 상호 연결성을 가장 변혁적으로 경험한 순간은 갑자기 아버지를 떠나보내고 공동체의 품에 안긴 때였다. 성도들witness이 나와 우리 가족을 둘러싸고 하나부터 열까지 돌보아주었다. 40년 동안 사랑한 남편을 떠나보내고 처음 홀로 된 어머니는 마치 갓 태어난 아기처럼 보살핌을 받았다. 장례식에 참석하기 위해 전국 각지에서 날아온 여덟 자녀가 어머니 곁을 지키며 함께 슬퍼했다. 아침에는 옥수수 수프를 끓여주고 함께 침대에 눕고 지하실에서, 소파에서, 바닥에서 함께 자기도 했다. 필요한 것이 있으면 무엇이든 즉시 그 자리에 대령했다.

이것이 신성한 공동체이다. 해방의 핵심인 상호 연결성이다. 우리가 서로를 위해 균열 위에 서서 흔들림 없이 지지하고 증언하기로 결심한다면 억압을 없앨 수 있다. 이 진실에 담긴 미덕은, 이런 일이 삶의 여정에서 수많은 형태로 반복된다는 점이다. 졸업식장과 결혼식장에서, 교실과 법정에서, 시위 대열과 엘리베이터에서, 전장에서, 갱단의 구역에서, 출산 중에, 심지어 죽음을 맞이하는 순간에도. 우리는 밀접히 묶여 있다. 서로를 통해 신성과 휴식을 발견할 수 있다.

상호 연결성이 작동하는 방식을 목격한 경험을 바탕으로 볼 때, 이는 억압적인 자본주의 사회에서 피로한 사람들의 해방과 어떤 관련이 있을까? 가장자리에 사는 사람들이 과로문화를 뒤흔드는 집단적 치유를 위한 상호 연결성의 힘을 어떻게 활성화할 수 있을까? 과로문화에 저항하는 사람이 공동체와 만나면 해방과 상상력을 향해 도약할 수 있을까? 우리의 집단적 공상을 통해 어떻게 공동체를 구축할 수 있을까? 휴식을 통해 자본주의를 뒤흔들기 위해 어떻게 협력할 수 있을까?

마틴 루서 킹 주니어는 내가 책으로 만나는 멘토 중 한 명이다. 고전이 된 그의 책『왜 우리는 기다릴 수 없는가Why We

4부 상상하자!

Can't Wait』에는 공동체 구축의 중요성과 조직화가 해방에 미치는 힘을 설명하는 구절이 있다. 앨라배마주 버밍엄에서 민권을 위한 비폭력 시위를 이끄는 어려운 과제에 맞닥뜨렸을 때 킹은 운동을 이어나가는 데 도움을 줄 급진적인 자원 봉사 부대를 창설했다. 그는 그 일을 이렇게 설명한다.

> 대중 집회에서 자원 봉사자를 모집하던 시간은 매주 일요일 아침 흑인 교회 예배 때의 초청의 시간과 무척 흡사했다. 목사가 참석자들에게 교회와 함께하라고 요청하는 시간 말이다. 우리는 우리의 운동을 주저 없이 군대라고 불렀다. 보급 대신 신실함이 있는, 군복 대신 결의가 있는, 무기라고는 신념이 전부인, 자금은 없어도 양심이 있는 그런 특별한 군대였다.[17]

이 군대는 대의를 위해 헌신하고 지역을 변화시키기 위해 영적으로 싸울 준비가 된 개인들이 결합한 집단이다. 이것이 급진적 공동체의 신성성이다.

휴식 사역에 임하는 우리는 현 체제는 휴식을 허용하지 않을 것이며 우리 스스로 의지를 품고 훈련된 개인들의 공동체와 함께할 때라야 저항으로서의 휴식을 실험할 수 있다고 본다. 우리는 홀로 치유할 수 없으며 대항, 거부, 치유를 기준점으로 삼아 집단적인 방식으로 휴식을 수행해야 한다. 킹이 말했듯이, "억압하는 자가 자발적으로 자유를 부여하는 일은 절대 일어나지 않는다. 반드시 억압받는 자가 요구해야 한다." 우리의 상호 연결성은 자본주의와 백인우월주의의 비인간적인 세계관에 맞서 일어나는 저항의 한 형태이다.

이런 체제에 붙들려 있거나 동조하는 사람은 열린 마음으로 변화하고 전환하려는 의지를 품고 자신을 바라보는 핵심 작업을 해야 한다. 더 깊이 풀어내는 작업을 해야 한다. 돌봄과 휴식이 새로운 미래의 이야기를 펼쳐줄 것이다.

우리는 결단해야 한다. 과로문화는 상상력에서 멀어진 채 지치고 분하고 혼란스러워 눈물을 글썽이며 끊임없이 변명하려는 상태에 머무르게 만든다. 상호 연결된 상태에서 급진적으로 상상력을 받아들이고 휴식하는 것이 어떻게 해방의 한 형태가 될 수 있을까? 우리는 어떻게 돌봄의 요새를 구축하고 이웃의 역할을 맡으며 살아갈 수 있을까?

나는 우리가 과로문화에 맞서 영적으로 생존할 방법이 공동체 돌봄에 있다고 믿는다. 서로가 없으면 우리는 아무것도 아니다. 과로문화의 폭력 속에서 자신의 트라우마를 세밀히 살피지 않는다면 우리는 아무것도 아니며 그저 존재하는 데 급급할 것이다. 당신은 과로문화의 주체로 어떻게 기여하고 있는가? 우리의 노동과 관심을 착취하려는 이들에게 동조하고 있지 않은가? 나는 우리가 과로문화에 발맞추려 할 때 벌어지는 일을 분석하기 위해 충분히 멈추어 서거나 뒤로 물러선 적이 없었던 탓에 자신에게, 또 서로에게 폭력을 가하는 일이 없기를 바란다. 자본주의가 요구하는 기계의 속도에 맞추기란 불가능하다. 지속 가능하지 않으며, 이 속도에서 벗어나 휴식과 돌봄의 공간을 만드는 첫 번째 단계가 상상력을 키우는 것이다.

저항으로서의 상상이라는 개념은 지배적인 서사에 대한 대항 서사이다. 항의와 저항은 한쪽으로만 향하지 않는다. 우리 삶의 중요하고 세밀한 부분에서 실제로 벌어지는 일이

4부 상상하자!

다. "아니요, 그것이 다가 아니에요. 제 관점은 다릅니다. 저는 제 입장에서 말할 수 있어요"라고 말하는 것이다. 죽으라는 말을 듣고도 사는 것이다. 매일 고통과 억압에 휩싸여도 기쁨을 중심에 두는 것이다. 취약한 상태에 처했다는 생각에 심장이 떨릴지라도 진실하게 사는 것이다. 우리 문화 전체가 게으르다고 손가락질해도 낮잠을 자는 것이다. 자본주의로부터 충분히 노력하지 않는다는 말을 들어왔어도 잠자는 것이다. 하루, 일주일, 일 초를 안식 기간으로 지키는 것이다. 자신의 개인사를 바탕으로 안식 기간을 재상상하는 것이다. 저항이란 멈추지 말라는 말을 들으면서도 몸을 누이는 것이다. 오직 숨 쉬는 일에서만 생산적인 존재가 되라는 내면의 소리에 귀 기울이는 것이다. 계속 쉬기만 하자. 자신과 주위 사람에게 휴식은 나의 저항이라고 거듭 말하자. 반복은 세뇌에서 벗어나는 중요한 방법이니 머리를 베개에 대고 별들 속에서 새로운 세계를 상상하며 시간을 보내기 바란다. 아래의 문구를 계속 되뇌이면서.

휴식을 위한 명상을 하자.
1. 나는 지금 바로 쉴 자격이 있다.
2. 나는 쉴 가치가 있다.
3. 나는 게으르지 않다. 어떻게 게으를 수 있겠는가? 조상들이 그렇게 뛰어났거늘.
4. 자본주의는 내 몸이 기계가 되기를 바란다. 나는 기계가 아니다.
5. 나는 신비롭고 신성한 인간이다.
6. 나는 과로문화에 저항할 권리가 있다.

7. 나는 휴식을 얻어낼 필요가 없다.
8. 덜 일 하고 내가 얼마나 잘 사는지 보라.
9. 안락함은 내가 타고난 권리다.
10. 나는 쉴 것이다!

결론

침대로 가자. 소파로 가자. 해먹을 찾아가자. 낮잠의 관문으로 들어가자. 그리로 자주 가자. 지배적인 문화의 허락을 얻으려 기다릴 필요가 없다. 당신은 신성하며 주권을 지닌 존재이다. 휴식, 기쁨, 자유의 자리를 찾아가자. 상상 속에서 그 자리를 만들자. 자신의 공동체에서. 집에서. 일터에서. 마음속에서. 집단적으로 공상에 잠기자. 이 모든 일을 다른 사람들과 함께하자. 우리는 홀로 치유하지 않을 것이다. 홀로 잘 살지 않을 것이다. 공동체 돌봄은 구원의 은총이며 영적 교감이다. 공동체 돌봄이 우리를 구원할 것이다. 저항으로서의 휴식에 관한 우리의 질문에 대한 즉각적인 해답은 없을 것이다. 우리는 인간으로서 지닌 복잡성을 무시하는 빠르고 즉각적인 것들을 전혀 원치 않는다. 우리는 보다 인간적이어야 한다. 복잡성에 푹 잠기기를 원한다. 여유로운 시간을 누리기를 원한다. 휴식의 관문 안에서 우리를 기다리는 무한한 지혜와 경이의 우물에 다가가기를 원한다. 미묘한 차이와 확장성에 힘이 있다. 물속으로 들어가자. 내면의 바닷속으로 깊이 들어가자. 거기서 떠다니자. 거기서 쉬자. 거기서 상상하고 꿈꾸자. 백인우월주의와 자본주의의 거짓말은 이제 끝이다. 우리가 더 잘 안다. 장막은 걷혔고 우리는 낮잠을 잘 때마다 진정한 자신을 더 자세히 들여다볼 것이다. 완전

4부 상상하자!

히 소진되기 전까지는 체제가 갈수록 더 큰 힘을 발휘할 가능성이 높은 상황에서 절대 쉬운 일이 아님을 우리는 안다. 집단적으로 쉬면서 과로문화에 맞추어진 우리를 해방할수록 껍질이 차차 벗겨지며 진실이 드러난다. 우리는 그동안 듣던 것보다 더 대단한 존재이며, 아무리 비틀리고 지쳐 보이더라도 자신과 서로를 계속 바라보아야 한다. 침대로 가자. 무시해온 모든 것을 받아들이고 더 많이 쉬자. 몸은 무엇을 원하는가? 영혼은 무엇을 원하는가? 과로문화의 기어 소리에 묻힌 속삭임은 무엇인가? 조급함과 분주함 속에 놓친 것은 무엇인가? 이는 시작에 불과하며 이 진리 앞에서 우리는 알아차림에, 정보에, 되찾은 힘에, 시간에 감사해야 한다. 이것은 변혁이다. 휴식의 순례를 위한 선언문. 자주 들여다보자. 가까이 두자. 메시지가 계속 반복될 것이다. 이를 피로에서 해방되려는 열망을 지닌 사람이 당신 혼자만이 아니라는 증거로 삼자. 전장에서의 외침이자 주문이다. "우리는 쉴 것이다!" 마음에서 우러나 말하고, 큰 소리로 속삭이고, 잠들면서 반복하고, 주위 사람들에게 말하자. "우리는 쉴 것이다! 쉴 것이다! 쉴 것이다!"

감사의 말

이 책은 지고지순한 공동체 돌봄의 기운으로 나를 일으키고 감싸준 다음의 인물들이 없었다면 나오지 못했을 것이다. 깊은 감사의 인사를 전한다.

남편이자 인생의 동반자인 토미. 내가 그만두고 싶었을 때 그러지 못하게 했지. 당신의 말과 존재, 한없는 지지 속에서 부드럽게 보호받으며 이 책을 쓸 수 있었어.

예술의 동반자이자 창조의 자매인 헬렌 헤일. 우리가 기도, 촛불, 비전으로 빚어낸 작품이 삶을 바꾸어놓았어. 나와 함께 보이지 않는 가능성의 세계에 머물러주어 고마워.

내가 이 휴식의 메시지를 살며시 입에 올리던 순간부터 믿어주었던, 애틀랜타와 고향 시카고에 있는 나의 공동체에 깊이 감사한다. 휴식과 돌봄의 신성한 공간을 꾸리는 데 자발적으로 시간을 내어준 분들이다.

옐로우 매트 웰니스(의 여러분), 존과 캐서린 하인츠, 시카고의 프리 스트리트 시어터(의 여러분), 크리스타 프랭클린, 자밀라 래건, 루트워크 갤러리의 트레이시 홀, 찰리 와츠, 블랙 메카 프로젝트(의 여러분) 그리고 가장 중요한, 우리의 휴식 시설에 찾아와 낮잠을 자고 공동체 돌봄의 공간을 만들어준 수천 명의 여러분. 당신을 휴식의 관문으로 안내하도록 나를 믿어주어서, 취약함을 드러내고 뒤흔들 의지를 품어주어서 고맙다. 우리 모두 어디에서든 휴식의 순간을 찾고 만들어내기를.

낮잠사역단 도서관

해방, 휴식, 저항에 대한 나의 이해에 조용한 폭풍을 일으킨 책들이다. 이 책들이 당신의 평생에 걸친 휴식 순례에 동반자가 되기를 바란다. 이 중 단 한 권을 진정으로 받아들이기까지 몇 년이 걸릴 수도 있다. 서두르거나 경쟁하듯 읽으려 들지 않기를 바란다. 급할 것이 전혀 없으며 평생에 걸친 휴식과 공부와 연구의 기쁨이 있을 따름이다.

- Why We Can't Wait, Martin Luther King, Jr[마틴 루터 킹, 박해남 옮김, 『왜 우리는 기다릴 수 없는가』, 간디서원, 2005].
- A Black Theology of Liberation, James Cone.
- Womanist Theological Ethics: A Reader, edited by Katie Geneva Cannon, Emilie M. Townes, and Angela D. Sims.
- Renaissance, Ruth Forman.
- Slave Testimony: Two Centuries of Letters, Speeches, Interviews, and Autobiographies, edited by John. W. Blassingam.
- Slavery's Exiles: The Story of the American Maroons, Sylviane A. Diouf.
- Making a Way Out of No Way: A Womanist Theology, Monica A. Coleman.

• • •

- Parable of the Sower, Octavia Butler[옥타비아 버틀러, 장성주 옮김, 『씨앗을 뿌리는 사람의 우화』, 비채, 2022].
- All About Love: New Visions, bell hooks[벨 훅스, 이영기 옮김, 『올 어바웃 러브』, 책읽는수요일, 2012].
- The Selected Works of Audre Lorde Audre Lorde, edited by Roxane Gay.
- Meditations from the Heart, Howard Thurman.

참고 문헌

1   Blassingame, James W. Slave Testimony: Two Centuries of Letters, Speeches, Interviews, and Autobiographies, Baton Rouge and London: Louisiana State University Press, 1977. Pages 217, 218.

2   Sandoiu, Ana, "Do Black Americans get less sleep than white Americans?," Medical News Today, August 18, 2020.

3   Walker, Alice, In Search of Our Mothers' Gardens, New York: Mariner Books, 2003[앨리스 워커, 구은숙 옮김, 『어머니의 정원을 찾아서』, 이프, 2004].

4   Coleman, Monica A., Making a Way Out of No Way: A Womanist Theology, Minneapolis: Fortress Press, 2008. Page 86.

5   Thompson, Derek, "Social Media Is Attention Alcohol," The Atlantic, September 17, 2021.

6   Cone, James H., A Black Theology of Liberation: Fortieth Anniversary Edition, New York: Orbis Books, 2010. Page 27.

7   hooks, bell, all about love: New Visions, New York: HarperCollins, 2001[벨 훅스, 이영기 옮김, 『올 어바웃 러브』, 책읽는수요일, 2012].

8   Butler, Octavia, Parable of the Sower, New York: Four Walls Eight Windows, 1993[옥타비아 버틀러, 장성주 옮김, 『씨앗을 뿌리는 사람의 우화』, 비채, 2022].

9   Cannon, Katie Geneva, Emilie M. Townes, and Angela D. Sims, Womanist Theological Ethics: A Reader, Louisville: Westminster John Knox Press, 2011.

10 Lorde, Audre, The Selected Works of Audre Lorde, New York: W. W. Norton, 2020.

11 Blassingame, James W., Slave Testimony: Two Centuries of Letters, Speeches, Interviews, and Autobiographies, Baton Rouge and Lon-

• • •

don: Louisiana State University Press, 1977. Pages 109, 217, 218, 220, 221.

12   hooks, bell, "Love as the Practice of Freedom," in Outlaw Culture: Resisting Representations, New York: Routledge Classics, 1994.

13   Diouf, Sylviane A., Slavery's Exiles: The Story of the American Maroons, New York: New York University Press, 2014.

14   Ibid., page 380.

15   Butler, Octavia, "A Few Rules for Predicting the Future," Essence, 2000.

16   Hsu, Hua, "How Sun Ra Taught Us to Believe in the Impossible," The New Yorker, June 28, 2021.

17   King Jr., Martin Luther, "Letter from Birmingham Jail," April 16, 1963.

참고 문헌

저자와의 Q&A

다음은 편집부가 『휴식은 저항이다』의 한국어판 출간을 준비하면서 저자 트리샤 허시에게 전한 간단한 질문과 그에 대한 답변입니다. 저자 트리샤 허시는 질문 하나하나마다 성심껏 답을 해주었습니다. 감사의 말을 전합니다.

한국의 2023년 연 평균 근로 시간은 1,874시간이고, 2023년 OECD 주요국의 평균치 1,742시간보다 132시간이 많습니다. OECD 통계에 따르면 2021년 한국의 하루 평균 수면 시간은 7시간 51분으로, OECD 주요국 평균치인 8시간 27분보다 36분 적다고 합니다. 또한 많은 한국인이 불면증 등과 같은 수면 장애를 가지고 있지요.

이 책을 손에 드신 독자님들은 휴식을 잘 취하고 계신지 궁금합니다. 만약 휴식을 취하는 게 어렵게 느껴진다면, 아래 답변에 나온 트리샤 허시의 휴식 실천을 따라해보거나 추천 곡을 들어보시는 건 어떠실까요. 휴식을 삶에 들이는 첫걸음이 될 수 있을 듯합니다.

*

이 책을 통해 작가님이 설립하신 낮잠사역단과 **휴식은 저항이다** 운동을 알게 되어 기쁩니다. 노동 시간은 길고 수면 시간은 짧은 한국에서 빠르고 분주한 삶을 매우 당연한 것처럼

• • •

느껴왔던지라, 이 책의 **휴식은 저항이다**라는 주장은 큰 놀라움을 주었습니다. 급진적인 메시지를 담은 이 책을 집필하는 과정에서 혹시 어려웠던 점이나 인상 깊은 에피소드가 있는지 궁금합니다.

이 책을 썼을 때 코로나19 바이러스로 인한 팬데믹 중이라서 어려움이 많았어요. 집필 도중에 가족 모두가 코로나19에 걸리기도 했고요. 건강을 염려하느라, 또 불확실한 상황을 견디느라 스트레스를 많이 받았어요. 18개월에 걸쳐 책을 썼는데 감정적으로 소진되어 글이 막힌 적이 여러 번 있었어요. 원고를 완성할 수 없을 것 같았죠. 그럴 때면 글을 쓰겠다고 몇 시간씩 책상 앞에 앉아 있는 대신 다른 방법을 시도해보았어요. 욕조에 앉아 음성 녹음으로 기록한 적도 많고, 항상 일기장을 가지고 다니면서 뭔가 떠오를 때마다 써놓곤 했죠. 기도도 많이 드리고, 조상들께 이 책을 함께 써 달라고 청했어요. 결국 완성해서 세상에 내놓을 수 있어서 정말로 감사한 마음입니다. 글을 쓴다는 건 대단히 영적이며 깊이 연결되는 과정이라고 느꼈어요. 굉장히 힘겨웠지만 자랑스러운 결과물을 선보이게 되어 행복합니다.

2017년에 낮잠사역단의 첫 행사를 치른 뒤 2024년인 지금까지 활발히 활동을 해오셨는데요, 혹시 2010년대에서 2020년대로 넘어오면서 코로나19 팬데믹 등과 같은 커다란 재해들을 겪는 동안, 노동과 휴식에 대한 사람들의 생각이나 불안을 느끼는 정도가 변했을까요?

저자와의 Q&A

확실히 휴식을 대하는 사람들의 태도가 달라지고 있다는 게 느껴져요. 단체를 창립하기에 앞서 연구 작업을 시작했던 2013년에만 해도 사람들이 전혀 이해를 못 했어요. 휴식이 정의의 중심이 된다는 발상에 전혀 공감하지 못하고 웃어넘기곤 했죠. 이제는 노동과 휴식에 대한 사고방식이 열리고 변화하기 시작한 듯해요. 코로나19 팬데믹과 미국에서 일어난 인종차별 반대 투쟁을 통해 사람들이 일시적으로 속도를 줄이면서 새로운 삶의 방식을 상상할 수 있게 되었다고 생각해요. 정의와 돌봄이 중심이 되는 새로운 세상을 일구어야 한다는 목소리가 나오고 있어요. 휴식이 정의를 추구하는 사역이라는 점을 이해하고, 자기를 깊이 돌보는 작업뿐 아니라 공동체를 형성하는 작업의 중요성을 인식하는 사람이 천천히 늘어나는 게 눈에 보입니다.

작가님 댁에서의 수면 문화가 궁금합니다. 잠들기 전에 모든 생각을 멈추고 푹 쉬는 데만 전념할 수 있는 어떤 습관이나 마음가짐이 있나요?

저는 지난 10년 동안 휴식 수행을 해왔어요. 낮잠사역단 활동도 제 몸을 쉬게 하는 실험을 하는 도중에 생겨났죠. 제가 실천하는 규칙 중 하나는 휴대전화를 잠자리에 들기 한 시간 전까지만 사용할 수 있도록 스크린 타임을 설정해놓고, 그 후 전원을 꺼서 침실 밖에 두는 거예요. 전원이 꺼진 상태여도 휴대전화가 옆에 있으면 집중력이 떨어질 수 있다는 연구 결과를 읽은 적이 있거든요. 그리고 매일 30분씩 명상하고, 밖에 나가서 걷고, 공상하기를 즐겨요. 일정표에 저를 위한 휴식 수행

● ● ●

시간을 표시해둡니다. 소파에서 실제로 낮잠을 잘 수도 있고 베란다에 앉아 공상할 수도 있고 산책할 수도 있는데, 어쨌거나 꼭 시간을 정해두는 거예요. 그리고 일할 때는 30분 이상 걸리는 일을 하지 않는 규칙이 있어요. 회의도 전부 30분 안에 끝내죠.

작가님의 표현처럼 이 책은 마치 기도문 같기도 하고 시 같기도 한 책이었습니다. '방과 후 학교'에서 청소년과 시 쓰기 과정을 진행하신 사연이 인상적이었어요. 그중에 분명 미래 또는 현재의 시인들이 존재하리라 생각합니다. 작가님이 청소년기에, 또는 시를 쓰기로 마음먹은 당시에 가장 큰 영향을 준 사람이 있다면 누구인지 궁금합니다. 그리고 한국 독자들에게 휴식과 관련해서 추천해줄 만한 시가 있나요?

시인으로서의 삶에 가장 큰 영향을 준 인물은 니키 지오바니예요. 어렸을 때 지오바니의 시를 발견했죠. 그분의 시집을 펼쳐보는데 그 안에서 제 모습이 보였어요. 그 후 30년 동안 지오바니의 팬으로 살아왔답니다. 젊은 분들께 추천하고 싶은 또 다른 시인은 루스 포먼(Ruth Foreman)이에요. 휴식, 느림, 가족, 공동체의 힘에 관해 생각하게 만드는 「이 날에는(On This Day)」이라는 아름다운 시가 있어요.

집단 낮잠 체험을 마련할 때 주로 어떤 음악을 배경음악으로 고르시나요? 작가님이 선택한 곡을 함께 들어볼 수 있도록 추천해주시면 감사하겠습니다.

저자와의 Q&A

아래와 같은 곡을 추천해요.

1. 앨리스 콜트레인(Alice Coltrane)의 〈투리야의 은하계 (Galaxy in Turiya)〉
2. 듀크 엘링턴(Duke Ellington)의 〈감성적인 분위기에서(In a Sentimental Mood)〉
3. 니나 시몬(Nina Simone)의 〈태양이 떠오르네(Here Comes the Sun)〉
4. 제네 아이코(Jhene Aiko)의 〈트리거 방어 만트라(Trigger Protection Mantra)〉

혹시 집단 낮잠 체험에는 주로 어떤 분들이 많이 참가했나요? 연령, 성향, 처한 환경 등이 궁금합니다. 내향적인 분들도 많이 참가했나요? 저희 주변에는 내향인이 많아서 이런 점도 궁금합니다.

제가 내향적이고 공감력이 높은 편이어서 이해해요. 집단 낮잠 체험은 침묵의 시간을 많이 누릴 수 있도록 고안됩니다. 요가 매트, 베개, 음악, 조명 등으로 아주 안전한 느낌을 주는 장소로 꾸미려고 해요. 바닥에 눕기를 꺼리는 분을 위한 좌석도 배치하고요. 느리게, 조용히, 압박받지 않고 머무는 경험을 선사해요. 잠을 꼭 자야 한다거나 무언가를 해야 한다는 압박감 없이 그저 가만히 앉아 있어도 되죠. 공동체를 중심으로 하되, 내향적인 분도 가장 편안한 장소에서 낮잠사역에 참여할 수 있게 해주는 자리입니다. 참여자의 연령대는 어린이에서 노인까지 다양해요. 집단 낮잠 체험은 저항의 한 형태로서의 휴식을 배우고 체험하려는 모든 분께 열려 있답니다.

● ● ●

책의 1부에서 우리는 분주함에 중독되었음을 밝히고 떠나보내야 한다는 말씀이 인상적이었습니다. 많은 사람이 한가한 것보다 분주한 게 낫지, 라고 생각하고, 분주하게 움직이며 무언가를 달성했을 때 큰 성취감을 느끼는 것 같습니다. 그런데 이 책을 읽고 나서, 우리는 어느새 저도 모르게 분주함에 중독되어 분주함 그 자체를 성스럽게 여기고 무조건적으로 찬양하고 있는지도 모르겠다는 깨달음을 얻었습니다. 혹시 우리가 느린 것과 한가함을 사랑하고 긍정적으로 바라보기 위해 일상생활에서 가볍게 할 수 있는 활동이 있을까요? 그리고 작가님은 어떤 느린 것과 어떤 한가함을 사랑하는지 궁금합니다.

> 책에서 저는 자신의 몸과 마음과 연결될 수 있을 만큼 자신을 느리게 풀어줄 수 있는 것이라면 무엇이든 휴식으로 명명해요. 휴식의 방법은 무궁무진하다고 믿어요. 우리는 일상에서 속도를 줄이고 쉬는 방법을 재상상해야 합니다. 차를 내리거나 자연 속을 걷거나 춤을 추거나 목욕하거나 명상하는 등 일상생활 속에 스며들 수 있는 소소한 활동을 통해서 말이죠. 저는 탐조와 공상을 아주 좋아해요.

4부에서 작가님이 안식 기간을 보내겠다고 선언한 와중에도 많은 활동 요청을 받으셨다는 사실이 매우 흥미로웠습니다. 사실, 누군가에게서 부탁을 받으면 거절하지 못하는 사람이 많습니다. 특히 조금이라도 아는 사람에게서 부탁받으면 더욱 거절하기 어렵게 느껴집니다. 그래서 우리는 회사나 회사 밖에서나 일거리가 쌓이는지도 모르겠어요. 책을 읽으면 작가님은 '잘 거절하는 방법의 달인'처럼 보이는데요, 우리가 휴식 중에 남들에게 이런저런 부탁을 받았을 때 용기를 내어 거절할 수 있는 팁을 알려주시면 감사하겠습니다.

거절한다는 것은 명확한 경계선을 긋는다는 뜻이고, 경계선을 그을 필요성을 이해하기까지는 연습의 시간이 필요할 거예요. 저는 남들을 기쁘게 하려는 마음 때문에 삶에서 경계선을 긋는 데 어려움을 겪는 경우가 많다는 사실을 알게 되었어요. 그렇기 때문에 저는 이 사역이 자신이 가치 있는 존재라고 느끼려면 남들을 기쁘게 해야 한다고 생각하게 만드는 트라우마의 원인에서 벗어나도록 사람들을 초대할 기회라고 생각해요. 이 사역은 휴식 자체를 넘어 인간으로서 우리가 지닌 고유한 신성함 속에서 쉴 수 있도록 치유하는 진정한 회복 작업입니다.

책에서 자본주의의 확장판으로 만들어진 소셜미디어의 위험성을 언급하셨는데요, 낮잠사역단도 소셜미디어에 계정을 가지고 있습니다. 혹시 소셜미디어 계정을 운영하면서 자본주의가 만들어낸 중독과 단절이라는 함정에 빠지지 않기 위한 어떠한 운영 원칙을 가지고 있나요?

저는 해마다 월별 소셜미디어 해독 기간을 잡아놓아요. 소셜미디어에 게시물을 올리는 데 들이는 에너지의 양을 의식적으로 조절합니다. 게시 일정을 딱 정해두지 않고, 온라인에 게시물을 올리고 활동해야 한다는 압박도 느끼지 않아요. 저에게 소셜미디어란 낮잠사역단을 팔로우하는 분들과 소통하는 하나의 도구에 지나지 않습니다. 릴스를 만들지도 않고요. 콘텐

• • •

츠를 제작해야 한다는 부담을 느끼지도 않아요. 계정 분석에도 신경 쓰지 않죠. 소셜미디어는 휴식의 메시지를 전하는 데쓸 수 있는 수많은 도구 중 하나입니다.

책을 읽고 있으면 작가님이 독서를 매우 중요하게 여긴다는인상을 받습니다. 작가님의 독서에 대한 사랑은 부모님께 영향을 받은 것인가요? 혹시 깊은 독서도 휴식의 한 방법일 수있을까요? 책 읽기를 좋아하는 분들이 이 점에 대한 작가님의 생각을 궁금해할 것 같습니다.

독서를 좋아하게 된 데는 부모님의 영향이 커요. 아버지는 아침에 일어나면 신문을 전부 다 읽고 성경도 읽으셨어요. 어머니는 토요일마다 동네에 있는 공공도서관에 저희를 데려가셨지요. 토요일은 도서관 가는 날이었고, 저는 일주일 내내 책을대출할 수 있는 그날이 오기를 고대했어요. 독서는 연결되고속도를 줄이는 한 가지 방법이에요. 저는 전자책보다는 하드커버 종이책을 읽는 편을 더 좋아해요. 문학 작품과 글을 통해귀 기울이고 연결됨으로써 속도를 줄일 수 있게 해주는 독서는 돌봄의 한 형태라고 생각합니다.

작가님의 앞으로의 활동이나 발표하실 책이 궁금합니다. 살짝이나마 알려주시면 감사하겠습니다.

한국에서 제 책이 출간된다니 대단히 영광입니다. 이 책이 휴식이 가져다주는 자유와 해방에 대한 인식을 높이는 도구가되기를 기도하고 소망합니다. 2024년 11월에 저의 새 책이

저자와의 Q & A

출간될 예정인데요, 『우리는 쉴 것이다: 탈출의 예술(We Will Rest!: The Art of Escape)』이라는 이 아트북에는 탈출에 관한 시와 사연, 그림이 가득 들어 있습니다.

• • •

옮긴이의 말

이 책 『휴식은 저항이다』는 고요하고 안전한 공간에 모여 말 그대로 잠시 낮잠을 자는 행사를 여는 미국의 비영리 단체 낮잠사역단의 취지를 알리는 안내서이자 선언문이다. 아프리카계 미국인 여성이자 신학자, 예술가로서 낮잠사역단을 창립한 저자 트리샤 허시는 이 책에서 흑인에게 휴식은 배상이자 해방이라고 말하며 지금 당장, 상상할 수 있는 모든 방법으로 쉬자고 말한다.

저자에 따르면 낮잠사역단을 처음 접하는 사람들은 당연하게도 먹고살기 힘든 처지에 어떻게 쉴 수 있느냐고 항변한다고 한다. 글깨나 읽고 식비나 월세 걱정할 일 없는 한가한 이들의 배부른 소리라는 것이다. 하지만 저자는 자신도 그렇게 항변하는 사람들과 아주 비슷한 환경에서 자랐고 지금도 크게 다르지 않은 삶을 살고 있다고 설명한다. 21세기에 접어들고도 경찰의 인종차별 폭력에 대항하는 '블랙 라이브즈 매터Black Lives Matter' 같은 운동이 폭발할 정도로 차별이 만연한 미국에서 흑인으로, 여성으로, 양육자로 살고 있기 때문이다. 투잡, 쓰리잡을 뛰며 늘 쪼들리고 피곤한 가운데 어렵게 석사 학위까지 따고도 정규직 일자리를 한 번도 얻어본 적이 없는 불안정 고용 노동자이기 때문이다. 한두 세대만 거슬러 올라가도 노예제와 짐 크로 체제를 온몸으로 겪고 살아남은 아프리카계 미국인의 후손이기 때문이다.

언제 기력을 잃고 스러져도 이상하지 않을 버거운 일상에서 트리샤 허시가 휴식이라는 강력한 도구를 발견한 것은 상상 이상으로 가혹한 노예제를 견뎌낸 조상들의 삶을 구체적으로 들여다보면서였다. 인간의 한계를 시험하듯이 극한의 노동으로 몰아붙이는 백인, 자본, 국가의 억압 속에서도 흑인들은 상상력을 발휘해 숨을 쉬고 꿈을 꿀 공간을 찾아냈다. 숲으로 달아난 도망노예들, 남부를 탈출하는 흑인들을 인도한 지하철도 운동가들, 서로 돕고 지지하는 단단한 영적 공동체를 형성한 사람들. 이런 일을 가능하게 해준 것은 배부르고 여유로운 생활이 아니라 바쁜 와중에도 애써 눈을 붙이고, 몸의 신호에 귀 기울이고, 자연을 느끼고, 꿈을 꾸는 짧은 휴식의 순간들이었다.

이제는 노예제가 사라지고 모든 인간이 평등하다는 사상이 자리 잡았다고 하지만, 트리샤 허시가 끊임없이 되뇌듯이 백인우월주의와 자본주의의 기세는 오히려 더욱 높아져 과로문화와 능력주의 아래에서 모든 인간이 공평하게 착취당하는 시대가 되고 말았다. 하지만 여전히 착취와 차별의 유산을 지고 있는 흑인, 여성, 소수자는 더욱더 극단적인 착취에 내몰리고 있다. 이런 현실 속에서 나면서부터 착취를 정당화하는 메시지에 노출된 사람들은 결국 자신과 소통하는 능력, 꿈꾸고 상상하는 능력을 잃고 스스로 과로문화의 주체가 된다.

트리샤 허시는 이 거대한 구조를 꿰뚫는 날카로운 창으로 휴식을 꺼내 든다. 어두운 시절을 이겨낸 조상들에게 영감을 받아, 누구의 허락도 구하지 않고 할 수 있는 모든 방법을 동원해 지금 당장 쉬는 것이 저항이라고 말한다. 지도도 전략도 필요치 않다. "우리"는 쉬는 사이에 자신을, 꿈꾸고 상상

•••

하는 능력을 되찾을 수 있으며 그것이 저항의 출발점이라고 말한다. 나아가 델 듯이 뜨거운 태양 아래 밤낮으로 노동한 조상들의 몫을 당당히 요구할 권리가 있다고 주장한다. 서론, 본론, 결론을 갖춘 이론서가 아니라 고대의 경전처럼, 꿈결에 듣는 할머니의 옛이야기처럼 반복되고 순환하는 저자의 글 속에서 슬슬 잠에 빠져들 무렵 내 눈을 번쩍 뜨이게 한 문장이 바로 이 대목에서 불쑥 나타났다. "[흑인인] 우리 몸은 미국이 가진 최초의 자본이었고 그로 인해 휴식과 꿈의 공간을 끊임없이 탈취당했다."

처음 이 책의 번역을 맡았을 때 나는 자연스레 예전에 옮겼던 『일하지 않을 권리』(동녘, 2017)를 떠올렸다. 영국의 젊은 사회학자 데이비드 프레인이 쓴 그 책에는 일의 개념은 물론, 자본주의의 발달과 함께 일이 어떤 변화를 거쳐 현재에 이르렀는지에 관한 철학적, 역사적, 사회적 고찰이 잘 정리되어 있다. 더불어 영국에서 실제로 '일하지 않는 삶'을 선택한 사람들의 경험과 생각, 그에 관한 저자의 분석까지 알차게 담겨 있다.

조금 과격하게 비교하자면 트리샤 허시의 이 책은 『일하지 않을 권리』와 비유적으로나 실질적으로나 지구상에서 가장 멀리 떨어진 책이 아닐까 싶다. 똑같이 일과 휴식을 주제로 하지만 한쪽은 문제의 근원인 자본주의와 백인우월주의의 요람이라 할 영국의 주류 학계에 속한 백인 남성 사회학자의 저작이며, 다른 한쪽은 가장 밑바닥에서 착취당하고 차별받으며 살아남은 노예의 후손으로서 영성과 공동체를 중시하는 흑인 여성 신학자이자 노동자의 저작이니 말이다.

옮긴이의 말

그런데 이 책의 번역을 끝낸 뒤 오랜만에 다시 펼쳐본 『일하지 않을 권리』의 서두에는 금지적이고 초월적인 트리샤 허시의 메시지를 그대로 관통하는 인용구가 선명히 찍혀 있었다. "지금은 아침 여덟 시입니다. 나올 때는 이미 어두워진 뒤일 겁니다. 태양은 오늘 당신을 위해 빛나지 않을 겁니다."

당장 아주 작은 틈이라도 비집고 들어가 쬐지 않으면 오늘의 태양은 결코 나를 위해 빛나지 않을 것이다. 그렇기에 트리샤 허시가 불러 모으는 "우리"는 지금 서 있는 자리에서 그대로 쉰다. "이대로 충분하다고, 할 만큼 했다고 선언하기 위해" 쉰다. 대안이 있어서가 아니라 대안을 찾기 위해서 쉰다. 조상들을 위해, 그들이 "빼앗긴 꿈의 공간"을 되찾으려고 쉰다. 그 안에서 있는 그대로 존재하려고. 꿈꾸고 상상하며 더 자유로운 미래를 현재로 끌어오려고.

사람은 자기가 겪어본 고통에만 반응한다고들 하지만, 각자가 처한 특수성의 장벽을 넘어 보편적 인간의 자리로 향하는 길을 내는 것도 결국 상상력의 몫이 아닐까 싶다. 이 책은 앞서도 언급했듯이 '반복되고 순환하는' 저자 특유의 문체에 담긴 사연과 맥락을 존중하며 내가 알지 못하는 빈 영역을 혼돈이 아닌 상상력의 자리로, 꿈의 공간으로 지켜내고자 안간힘 쓴 결과물이다. 옮긴이의 한계로 결국 놓쳐버린 부분도 있겠지만, 부디 천천히 호흡하며 귀 기울여 저자가 열어놓은 대안의 공간에 들어설 수 있기를 기원한다.

장상미

• • •

휴식은 저항이다
시스템은 우리를 가질 수 없다

1판 1쇄 인쇄 2024년 10월 25일
1판 1쇄 발행 2024년 11월 6일

지은이 트리샤 허시 | 옮긴이 장상미
책임편집 유온누리 | 편집부 박지행

펴낸이 임병삼 | 펴낸곳 갈라파고스
등록 2002년 10월 29일 제13-2003-147호
주소 03938 서울시 마포구 월드컵로196 대명비첸시티오피스텔 801호
전화 02-3142-3797 | 전송 02-3142-2408
전자우편 books.galapagos@gmail.com

ISBN 979-11-93482-07-0 (03100)

갈라파고스 자연과 인간, 인간과 인간의 공존을 희망하며, 함께 읽으면 좋은 책들을 만듭니다.